KB036443

# 질주
# 하는

니와 우이치로 丹羽宇一郎 지음

이용빈 옮김

중국 문제, 어떻게 볼 것인가?

# 중국

한울
아카데미

이 도서의 국립중앙도서관 출판예정도서목록(CIP)은 서지정보유통지원시스템 홈페이지(http://seoji.nl.go.kr)와 국가자료공동목록시스템(http://www.nl.go.kr/kolisnet)에서 이용하실 수 있습니다. (CIP제어번호: 2015001724)

# 中国の大問題

丹羽宇一郎
*Niwa Uichiro*

PHP新書

CHUGOKU NO DAIMONDAI
Copyright ⓒ 2014 Uichiro NIWA
Originally published in Japan in 2014 by PHP Institute, Inc.
Korean translation rights arranged with PHP Institute, Inc.
through CREEK & RIVER Co., Ltd.

이 책의 한국어판 저작권은 CREEK & RIVER Co., Ltd를 통한 PHP Institute, Inc.와의
독점계약으로 도서출판 한울에 있습니다. 저작권법에 의해 보호를 받는 저작물이므로
무단 전재와 무단 복제를 금합니다.

# 차례

# 중국이라는 문제, 어떻게 볼 것인가?

앞날이 불투명한 일본 사회에서 확실히 말할 수 있는 게 하나 있다. 그것은 일본 인구가 격감하고 있다는 점이다.

일본 내각부內閣府 추계에 의하면, 현재 1억 2700만 명인 일본 인구는 앞으로 46년 후인 2060년에 8700만 명으로 감소되고, 2110년에는 4300만 명이 된다. 향후 46년간 4000만 명이 감소한다면, 인구 87만 명의 현(야마나시현山梨縣 등)이 대략 1년에 하나씩 소멸한다는 계산이다.

이상의 추계를 바탕으로, 15세 이상의 노동 인구는 2013년 6577만 명에서 2060년 3795만 명으로 감소한다는 비관적 시나리오도 있다. 42% 추락하는 셈이다.

이 인구 변동이 어떻게 일본 사회를 근저로부터 변화시킬 것인지 각오하지 않으면 안 된다.

첫째, 일본은 어떻게 해서 경제를 이어갈 것인가? 2060년까지 인구 4000만 명이 감소하면, 먹는 양이 현저하게 감소한다. 입는 옷도 사는 곳도 감소한다. 그러면 내수가 추락해 경제는 정체되어버린다.

시장의 진작을 위한 '강심제 주사'로서 대규모 금융 완화와 공공투자로 이륙했던 아베 노믹스는 '제3의 화살'인 중요한 성장 전략이 발發하지 않아 이 상태로는 화살 3개가 모두 실속失速해 땅에 추락할 가능성마저 있다. 엔저円低 효과로 기대되던 수출 확대도 생각했던 것만큼 진전하지 못하고 있고, 무역수지는 악화일로를 걷고 있다.

무엇보다 무역에 의존하는 일본 경제는 수출로 이익을 내야 하지만, 이러한 상황을 앞에 두고 대체 어디로 무엇을 수출할 것인가?

눈앞에 거대한 소비 시장이 있다. 바로 중국이다.

인구는 일본의 11배, 자동차 판매 대수는 4배, 맥주 소비량은 8배이다.

중국은 향후 내수 중심 경제로 이행할 것이다. 이른바 '세계의 공장'은 '세계의 시장'으로 크게 방향키를 바꾸고 있다.

일본 경제에는 절호의 획물獲物이다.

그렇지만 2010년 9월 센카쿠尖閣 열도 부근에서 일어난 중국 어선 충돌 사건을 계기로 중국에서 반일 시위가 있었고, 2012년 9월 센카쿠 열도 국유화가 선언되었으며, 2013년 12월 아베 신조安倍晋三 총리의 야스쿠니 신사 참배 등으로 지금 중국과 일본의 관계는 전후 최악의 상태이다.

2011년 새 리더가 된 일본 아베 총리와 중국 시진핑習近平 국가주석은 아직 수뇌회담을 하지 않았다. 이상異常 사태이다.

냉각된 양국 관계는 당연히 경제에도 심각한 악영향을 미치고 있으며, 양국의 무역과 투자 상황은 계속 저조한 상태를 유지하고 있다.

이 사이 호시탐탐 거대한 중국 시장을 노리던 독일, 미국, 한국 등 여러 국가는 엄청난 판매 공세를 가하며 중국 투자를 증가시키고 있다.

일본은 이런 상황을 멀뚱멀뚱 지켜보고만 있을 것인가?

자원이 없는 일본은 해외와 무역 없이 생존할 수 없다. 그 어떤 국가와도 싸우는 일 없이 우호 관계를 구축할 필요가 있다. 일본은 세계에서 가장 평화를 추구하지 않으면 안 되는 국가이다. 그리고 장래를 고려할 때 14억 명의 중국 시장을 개척하고 충분히 이용하지 않으면 일본이 생존할 수 있는 길은 없다.

이런 견해에 대해 '친중親中', '중국 편애자'라는 딱지를 붙여 사고 정지思考停止에 빠지는 이들이 있는데, 당치도 않다.

일본의 국익을 최우선으로 고려하지 않는 일본인은 없다. 세계 그 어떤 나라도 결코 타국이 하라는 대로 하지 않는다. 영토 문제에 대해서는 특히 그렇다. 이것은 필자가 중국 대사 시절, 미움을 받을 정도로 중국에 주장해왔던 것이다.

최근 중국이 세계 제일의 무역액을 등에 업고 방자함을 보이기 시작했다는 것을 느낀다.

중국 경제는 일본에 비해 40년 정도 뒤처졌다는 것이 필자의 지론이지만, 일본이 버블 경제로 '세계 제일의 일본'이라고 추켜세움을 당해 우쭐해 있을 때처럼, 중국은 경제력이라는 위력을 발휘해 패권을 드러내 보이고 있다. 그리고 이제는 신흥국의 기술력 진전을 배경으로 "일본의 기술과 지원은 필요 없다", "일본 없이도 충분히 해나갈 수 있다" 하는 자신감을 표출하고 있다.

기세가 등등한 중국이지만, 자세히 보면 내실內實은 수많은 난문難問에 직면해 있다.

도시와 농촌의 높은 경제 격차, 국유기업의 조잡한 경영 체질, 테러와 폭동이 끊이지 않는 소수민족 문제, 요인要人들의 부정부패와 부정 축재. 중국과 교류할 때는 이와 같은 병든 중국의 모습을 올바로 바라보는 것도 필요하다.

필자는 상사맨商社-man으로 30년, 중국 대사로 2년 반 동안 빠짐없이 중국을 바라보고 중국의 재계 및 정계 일인자들과 교제하며 국경 가까운 벽지까지 직접 걸어 돌아다녔다.

상사맨 시절에는 베이징시北京市, 장쑤성江蘇省, 지린성吉林省 등의 경제 고문을 역임했다. 대사 시절에는 33개 지구地區가 있는 1급 행정구에서 27개 지구를 시찰하고, 지방 정치 일인자에 해당하는 중국공산당 위원회 서기書記들과 면담했다. 분쟁의 불씨를 안고 있는 티베트 자치구에도 일본 대사로서는 처음 공식 방문했다. 시진핑과는 이제까지 십여 차례에 걸쳐 면담한 바 있으며, 중국을 실제로 움직이는 중국공산당 중앙 정치국 위원 가운데에도 지기知己가 적지 않다.

이 책에서는 이런 필자의 체험과 지식, 정보를 기초로 현재 중국의 난문難問과 그에 맞서는 일본의 과제에 대해 필자의 생각을 솔직하게 기록했다.

결코 중국을 모욕해서는 안 되지만, 또한 그렇다고 해서 과도하게 기죽을 필요도 없다. 다만 중국을 알면 알수록 이 거대 시장을 독점해서는 안 된다는 것을 실감하게 된다. 일본에게 중국 시장 개척 가능성은 아직 충분하며, 중국도 일본의 기술과 도움이 없어지면 커다란 곤란에 직면할 것이다. 즉, 눈앞에 있는 거대 시장을 활용할 수 있다. 그리고 일본을 위해서라도 중국과 상호 관계를 구축해가는 것이 필요하다.

1972년 중일 공동성명 이래 양국의 역대 총리는 우호 관계를 유지하기 위해 주의를 기울여왔다. 그 근간에는 양국 국민의 끊임없는 노력이 있었다. 아시아의 평화는 양호한 중일 관계를 주춧돌로 해서 구축된 것이다. 이를 확인하기 위해 권말에 네 가지 공동성명 외에 관련 외교 자료를 게재했다.

양국 수뇌는 상호 노력으로 구축해온 역사의 무게를 배우고, 역사에 대한 책임을 자각하지 않으면 안 된다.

그리고 독자 여러분도 중국과 일본 간의 현실에서 무슨 일이 발생하고 또한 발생하려고 하는지, 일본의 장래를 상상해 보았으면 한다. 이 책이 이에 일조했으면 하는 바람이다.

# 제1장 · · · · · · · · · · · · · · · · · · · · ·

# 14억 명이라는 문제

상정 내에 끝난 3중전회 결의

아시아 최대 국토와 4000년의 역사를 보유한 중국. 인구가
14억 명이나 되는 세계 제일의 경제대국 앞에는 다양한 난문
難問이 산적해 있다. 2012년 11월 발족한 시진핑 정권은 과연
어떠한 방향으로 나아갈 것인가. 이 장에서는 중국이 현재 직
면한 과제를 총람해 살펴보도록 하겠다.

2013년 11월 중국공산당 18기 3중전회가 베이징에서 개최
되었다. 국가 지도자가 바뀐 당대회 직후에 이루어진 세 번째
전체회의는 새로운 지도자가 향후 10년간 개혁의 방향성을
제시하는 중요한 회의였다.

1976년 마오쩌둥毛澤東이 사망해 문화대혁명이 막을 내린

이후 1978년 소집된 11기 3중전회에서는 최고 실력자인 덩샤오핑鄧小平의 주도 아래 '개혁개방'의 기본 방침이 결의되었다.

개혁개방 35주년이 되는 2013년의 3중전회는 새롭게 발족한 시진핑 체제에 의한 대규모 개혁, 그중에서도 경제개혁이 제기되는 것은 아닌지 중국 안팎으로부터 주목을 받았다.

공표된 3중전회의 결의에는 금융시장 자유화 추진, 도시·농촌의 격차 시정, 세제개혁, 한 자녀 정책 완화책 등이 포함되어 있었는데, 필자에게는 모두 상정 내想定內 내용이었다. 예를 하나 들어보자면 시진핑·리커창李克强 '양두 체제'의 확립이 인상적인 정도였다고 할 수 있을 것이다.

중국의 통치 체제를 간단히 설명해보겠다. 공산당 총서기인 시진핑이 국가주석에 선출된 것은 2013년 3월 전국인민대표대회(전국인대)에서였다. 이 전국인대는 각 지방으로부터 선발되는 대표자 3000여 명으로 구성된다. 그렇지만 전국인대는 형식상의 결정 기관이며, '장관급'인 중국공산당 중앙정치국 위원 25명 가운데에서도 상무위원常務委員 7명, 이른바 '차이나 세븐china seven'이 중국을 움직이는 실세라고 할 수 있다.

'차이나 세븐'의 수뇌는 시진핑 국가주석이며, 이인자는 행정기관인 국무원의 수장首長 리커창 총리이다. 리커창이 통치권을 지닌 행정의 간부직은 공산당원이 차지하고 있다. 즉, 중국은 공산당원 8800만 명이 인민人民 14억 명을 지배하는,

중국공산당 독재 정권이다.

앞으로 2기 10년 동안은 시진핑·리커창 체제가 계속된다. 그렇지만 지도자층의 얼굴을 살펴보면, 시진핑 체제는 현재 정치적 지지 기반이 확고하지 않다. 시진핑 정권은 국가주석을 역임했던 장쩌민江澤民과 후진타오胡錦濤의 정권 투쟁 와중에 생긴 것으로 볼 수 있고, '차이나 세븐'에서 시진핑·리커창 이외의 5명은 장쩌민의 측근이자 비교적 고령의 수구파이다. 오랫동안 권력을 누리는 자리에 있었던 만큼 정계·관계·재계 인맥도 그물의 눈처럼 촘촘한 편이다.

즉, 시진핑 정권에는 수뇌를 밑받침하는 부하들이 아직 중요한 직책에 배치되지 않았다. 그렇다면 1기 5년 동안 시진핑은 자기 뜻대로 인사를 할 수 없고, 자신의 의견을 통과시키기 어려운 상황에 있다고 볼 수 있다.

권력 기반이 불안정한 상황은 2017년 개최될 중국공산당 당대회 전후까지 아마 몇 년 간 계속될 것이다. 시진핑은 권력 기반을 확고히 할 때까지 당내의 정치 역학과 여론을 고려하는 미묘한 지도력을 강요당할 것이다. 특히 사회적 소란을 억지하는 힘인 중국인민해방군의 지지를 얻는 것이 최우선이기 때문에, 군에 편중된 정치가 계속될 것이다.[1] 정권 지도地圖

---

1 중국인민해방군中國人民解放軍의 최근 상황에 대해서는 다음을 참고하기 바란다.

에 대해서는 뒤에서 상세히 논하도록 하겠다.


## 전대미문의 톱 개혁


향후 10년간 개혁의 방향성을 제시하는 3중전회는 그 어떤
것도 상정 내 내용이었다. 그렇지만 2014년 들어서 시진핑
체제가 취한 움직임에 필자는 경악했다. 이는 향후 중국의 행
방을 점치는 데 중요한 동향이 될 것이 확실하다.

시진핑은 새롭게 세 가지 조직의 일인자에 취임했다.

첫째, '전면심화개혁영도소조全面深化改革領導小組'의 조장이다.
이 자리는 그림자 은행shadow banking이나 서부 지역의 개척
등 경제개혁을 중심으로 하는 광범위한 분야의 개혁 사령탑으
로, 조직에서는 종래의 경제개혁을 주관하는 위원회 위에 있다.

경제개혁은 이제까지 리커창을 톱으로 추진해왔는데, 이
개혁소조 조장에 시진핑이 취임하고 리커창, 류윈산劉雲山, 장
가오리張高麗 등의 중국공산당 중앙정치국 상무위원 3명이 부
조장을 겸임하게 되었다.

이 조직에서 주목해야 할 것은 전대미문의 강력한 포진으

---

시오자와 에이이치塩沢英一, 『중국인민해방군의 실력』, 이용빈 옮김(도서출판 한울,
근간). _옮긴이 주

로, 중국공산당 일인자인 당 총서기와 중국정부 일인자인 국무원 총리가 들어가 '차이나 세븐'에서 4명이 중역을 맡은 점이다. 요컨대 전국적으로 불퇴전不退轉 결의 아래 경제 등의 개혁을 추진하겠다는 선언과도 같다고 볼 수 있다.

둘째, 중국공산당의 강기숙정綱紀肅正이다. 2013년 1월 시진핑은 중국공산당 18기 중앙기율검사위원회에서 "파리도 호랑이도 때린다"라고 연설했다. 파리는 일반인을, 호랑이는 고급 관료를 지칭한다. 즉, 지도 간부의 불법 행위와 기율 위반을 철저히 단속·처벌하겠다고 선언한 것이다.

조직의 부패를 단속하는 조직은 당 중앙기율검사위원회로, 실행력을 칭송받는 '차이나 세븐'의 왕치산王岐山이 서기직에 앉아 있었다. 이를 시진핑이 스스로 지휘하는 체제로 바꾸고 강기숙정책策에 착수했다.

셋째, '국가안전보장위원회'이다. 이 조직은 이른바 미국 국가안전보장회의NSC의 중국판이다. 이제까지는 중앙정치국원 멍젠주孟建柱가 통솔했으나, 시진핑이 일인자에 취임하면서 부위원장에 서열 2위의 리커창 총리, 3위의 장더장張德江 전국인대 위원장을 배치했다.

시진핑은 중국이 안고 있는 가장 중요한 과제 ─ 군사, 경제, 강기숙정, 안전보장 ─ 를 담당하는 모든 조직에 스스로 나섰다. 이는 무엇을 의미하는가?

자신이 의지하고 일어설 정치 기반이 아직 약한 만큼 부하들은 수족처럼 완전히 작용하지 않는다. 그만큼 개혁 속도는 둔해진다. 다른 한편으로 경제성장은 과거의 기세를 잃고 빈부 격차는 심각해지며 소수민족의 폭동이 빈발하는 등 중국 국민의 불만은 일촉즉발 상태에 가까워지고 있다.

이로써 국가주석이 개혁의 고삐를 죄고 진두지휘하게 되었다. 이는 국민 14억 명을 통솔하려는 결의의 표현이며, 동시에 초조함의 징후이다. 달리 생각해보면, 그만큼 정권의 구심력인 '중국공산당의 정당성'이 흔들리는 것이기도 하다. 중국공산당 독재 체제에 금이 가기 시작한 것이다.

그렇다고 해도 권력 기반이 취약한 시진핑이 어떻게 이런 대담한 인사를 단행할 수 있었을까?

2014년 2월 시진핑은 러시아에서 블라디미르 푸틴Vladimir Putin 대통령과 회담했다. 이 정상회담을 거쳐 러시아의 방공미사일 시스템 S-400의 중국 수출이 결정되었다고 일부 언론이 보도했다. S-400은 최대 사정거리가 400km에 달하는 초장거리 대공미사일로서 중국과 러시아 양국의 미사일망이 접합해 서쪽으로는 흑해, 동쪽으로는 타이완까지 도달하는 능력을 보유하게 되었다고 한다.

중국은 최첨단 성능의 미사일을 도입함으로써 군사적 존재감이 높아졌을 뿐만 아니라, 러시아와의 관계 강화도 도모했다. 시진핑의 급속하고 대담한 행동의 배후에는 이런 국제 정세의 변화가 있었을지도 모른다.

이런 것은 제쳐놓고, 현실적으로 중국의 14억 명을 어떻게 다스려나갈 것인가? 경제, 강기숙정, 외교 등의 측면에서 현재 중국이 안고 있는 문제점을 구체적으로 살펴보자.

국유기업 개혁이라는 난제

2013년 11월에 발표된 3중전회 결의에서 필자가 가장 실망했던 것은 국유기업 개혁이 충분히 추진되지 않은 점이다. 경제 발전의 주체로서 국유기업 중심의 공유제가 재차 강조되었고, 개혁을 추진하기 위한 적극적 자세가 보이지 않았다.

중국에서 계획경제 아래 기간산업을 중심으로 하는 국유기업은 중앙에서 지방 수준까지 각 정부의 관리 감독을 받으며 경영되어왔다. 개혁 추진에 따라 국유기업이 공업 생산액에서 점유하는 비율은 급격히 저하되고, 1990년대 들어서자 국유기업의 경영 상태는 격렬해지는 시장 경쟁에 따라 급속도로 악화되었다. 국유기업을 어떻게 개혁할 것인가는 중국 경제의 향후 동향을 좌우하는 커다란 과제이다.

개혁의 필요성에 내몰리고 있는 국유기업 문제로는, 우선 적자赤字 체질을 들 수 있다.

예를 들어 2012년 말 중국 국내에서 업적이 부진한 기업으로 발표된 '10대 결손缺損 회사'를 살펴보면, 상위 10개의 적자 회사는 모두 국유기업이며 민간기업은 한 곳도 없다. 국유기업의 경영 악화가 얼마나 방임되어왔는지 알 수 있다.

국유기업에는 우선 유리와 아연 등의 자원 관계, 선박 관계가 많다. 다음으로 주목할 곳은 제철 회사로, 대형 5개사 전부가 적자를 계상해 결손 10개 회사에 들어가 있다. 요컨대 투자가 대단히 많은 중후장대重厚長大[2] 업종이다.

중국 전체 자산의 40%는 국유기업이 보유하고 있다. 국유기업 수는 11만~12만 개이며, 그중 국유자본 비율 83~100% '중앙기업'(117~124개)이 영업수입 55%, 이익 총액 57%, 국가 상납세上納稅 61%를 차지한다. 정부에 커다란 영향력을 미치는 핵심 기업은 10~20%, 즉 20~40개 정도이다. 이들이 모두 업적 부진에 빠지고 있다.

다만 여기에 제시된 자료를 전면 신용해도 좋은지 여부는 보류할 필요가 있다. 중국 중앙정부와 지방정부는 자주 통계 데이터를 발표하지 않으며, 발표 데이터에 오류가 있기도 하다. 발표 주체와 조사 주체에 따라 수치가 다르며, 예를 들면

---

2 '무겁고 두텁고 길고 큰' 제품을 만들어내는 산업을 의미하며, 일반적으로 조선, 정유, 철강 관련 산업을 지칭한다. _옮긴이 주

홍콩 데이터를 편입할지 여부에 의해 수치에 커다란 격차가 생긴다. 이 책에서 제시하는 중국에 관한 각종 데이터도 예외는 아니며, 어디까지나 기준 가운데 하나라는 것을 말해둔다.

그런데 국유기업의 업적이 부진한 이유는 명백하다.

정부가 관할하는 국유기업은 높은 노동비용이 수익을 압박하고, 잉여 인원을 다수 내포하고 있다. 시장 경제화 대응이 늦어져 생산 제품이 시장 수요에 맞지 않고 가격경쟁에도 뒤처졌다. 투자효율을 무시한 과잉투자가 이루어져 적자는 갈수록 확대되었다. 그렇지만 경영이 악화되더라도 국유은행의 융자로 연명했다.

아무리 중국이 '사회주의적 자본주의국가'라고 해도 중국 국유기업은 자본주의라고 하는 경쟁 사회 한가운데에 있다. 경쟁 원리가 작동하지 않는 가운데 정부 공무원이 보조금이라는 명목으로 세금을 방만히 써서 경영하고, 적자가 나도 자신의 주머니는 결코 타격을 받지 않는 경영 체질에서 흑자가 나올 리 없다.

이는 특별히 중국에 한정된 이야기는 아니다. 그 어떤 국가의 자본주의 사회에서도 이 같은 경영이 잘 진행될 수 없는 것은 당연하다. 중국 내에서는 이런 국유기업이 민간기업을 압박하고 있다는 비판이 높아지고 있다.

국유기업 개혁을 외치면서도 3중전회에서 확실한 진전이

나타나지 않았던 것은 아마 기득권 수구파가 개혁안에 좀처럼 합의하지 않았기 때문은 아닐까? 수구파는 특히 지방에 많다. 지방은 국민과 직접 상대하는 것만으로도 그 권한이 대단히 강하다.

국유기업은 규모가 큰 만큼 들어오는 자금도 거액이다. 즉, 이익이 크다. 기득 권익에 관여하는 수구파가 좀처럼 자신의 이권을 손에서 놓고자 하지 않는 것은 시대와 장소 불문이다.

중국의 국유기업을 보며 필자는 30~40년 전 일본을 생각했다. 1980년대는 국철國鐵과 전전공사電電公社, 일본판매공사日本販賣公社 등의 국유기업이 차례로 민영화되었던 시대이다. 중국의 사회 상황은 일본에 40년 뒤처져 있다는 것이 필자의 지론이라고 앞서 적었는데, 그것이 맞다면 중국의 국유기업 개혁은 미래의 일로 아직 시간이 걸린다. 적어도 앞으로 5년은 필요할 것이다.

### 대형 스캔들: 보시라이 사건

국유기업 개혁이 필요한 두 번째 이유는 공산당원, 당 간부 관계자가 중추를 점하고 있는 국유기업에 국민이 불신을 드러내기 시작한 데 있다. 만성적인 관료 경영 위에 국유기업을 도구로 삼아 사복私腹을 채우는 관료가 두드러진다. 본인에 멈추지 않고 자제와 친족이 개인 자산을 해외로 투자하고 해외 유학하며 저축을 해서 여차하면 도주한다. 고급 관료들의 행태가 국민에게 의심암귀疑心暗鬼(의심을 품으면 귀신이 보인다)를 키우고 있다. 축재 장치인 국유기업을 개혁하지 않는다면 경제 격차 축소 등은 그림의 떡에 지나지 않을 뿐이다.

중국은 공산당의 지도 아래 경제적으로는 확실히 급속하게 풍요로워졌다. "가능한 자부터 부유해진다"라는 덩샤오핑의 '선부론先富論'이 이를 뒷받침했던 것은 틀림없다. 그러나 선부론 뒤에 이어지는 말은 "그리고 낙오한 자를 돕는다"라는 것이다.

가난한 자에게 부가 충분히 널리 퍼지지 않는데도 한편으로는 공산당과 국유기업 등 권력층의 축재가 눈에 띈다. 지방 정부의 간부는 국유지를 접수해 부동산 개발에 부지런히 힘쓰고 부를 쌓아 맨션, 고급차를 몇 채씩이나 보유하고 호화로운 생활을 한다. 이런 광경이 중국 각 도시에 확산된다면 공산당에 대한 국민의 의념疑念이 팽창하는 것은 당연하다.

중국은 국민의 신뢰를 되찾고자, 이 시기 들어 공산당과 간부들의 오직汚職을 적발하는 데 연이어 나섰다.

시진핑 체제가 들어서기 직전, 최초의 대물大物이 적발되었는데 그는 중앙정치국 위원으로 충칭시重慶市 서기를 맡고 있던 보시라이薄熙來이다. 보시라이 스캔들은 보시라이 일가가 수십 억 달러에 이르는 부정 축재액을 해외로 송금했고, 이에 더해 보시라이의 부인 구카이라이谷開來가 영국인 사업가를 살해했다는 의혹을 산 대형 스캔들이다.

보시라이는 1993년 다롄시大連市 시장에 취임했는데, 필자는 그를 그때부터 알았다. 그가 충칭으로 옮긴 이후에도 두 차례 만났다. 그는 마오쩌둥 시대의 혁명가革命歌를 부르는 캠페인을 전개하고 격차 시정을 호소했기 때문에 가난한 사람과 사회적 약자로부터 지지를 받았다. 그렇지만 너무 열심히 일한 나머지 한밤중이든 휴일이든 부하에게 전화를 해서 명령을 내리는 바람에 아래로부터는 "지나치게 엄격하다"라는 불평을 샀다.

정치도 경제도 살아 있는 생명체이다. 한걸음에는 바뀌지 않는다. 이전까지 사용했던 약을 단번에 멈추면 반드시 부작용이 발생하며, 거꾸로 또한 다른 병이 생긴다. 조금씩 변해 가지 않으면 안 되는 개혁을 보시라이는 지나치리 만큼 성급히 행했다. 그것이 보시라이 사건의 본질일 것이다.

중국에는 "재판하는 자는 심리審理하지 않고, 심리하는 자는 재판하지 않는다"라는 말이 불문율로서 존재한다. 재판소에는 중급 인민법원, 고등 인민법원, 최고 인민법원 등이 있으며, 재판관은 중국공산당이 임명한다. 또한 지방 공산당 일인자가 지방 재판관을 선발하고 재정裁定한다. 즉, 형태상으로는 삼권분립을 취하고 있지만 실제로 재판소에 사법권은 없고 중국공산당 정법위원회가 실질적인 판결을 내린다.

그런데 보시라이 재판은 시작도 전에 이미 결론이 나왔다. 재판소는 기소 내용과 법정 내 사진을 차례로 웨이보微博에 공개하는 이례적 대응을 취했는데, 이는 재판의 공평성과 투명성을 국민에게 호소하기 위해서였다.

"당 간부의 부패에도 칼을 대고 정치를 바르게 한다." 그러나 재판은 중국공산당의 정치 쇼였다. 시진핑을 필두로 하는 당 지도부는 강기숙정에 힘쓰고 깨끗한 정치를 되찾고자 하는 자세를 국민에게 선전하려 했다.

충칭의 서기를 맡고 있던 보시라이는 판결이 미리 정해졌음을 알고 있었던 것이 틀림없다. 그는 공판에서 재판관이 아니라 국민에게 얼마나 자신이 공명정대하게 행동해왔는지 호소했는데, 물적 증거가 없었기 때문에 그 주장이 고려되는 일은 없었다.

## 희생양이 된 호랑이

보시라이에 대한 판결은 2013년 9월에 나왔다. 무기징역, 정치 권리의 종신 박탈, 개인 재산 전액 몰수를 선고받았다. 형기 내역은 수뢰 15년, 횡령 및 직권남용 7년을 종합해 무기

징역이었다. 우선 사형은 아닐 것이라고 생각했기 때문에 상정했던 범위 이내의 결론으로 보였다.

구카이라이는 영국인 사업가 살해 사건의 주범으로서 살인죄로 집행유예부 사형, 정치 권리의 종신 박탈 판결을 받았다. 보시라이의 심복이면서 중국 정부에 반기를 들고 망명 미수 사건을 일으킨 충칭시 전임 공안국장 왕리쥔王立軍은 사리사욕죄, 직권남용 등으로 징역 15년, 정치 권리 박탈 1년의 형을 언도받았다.

중국의 사형 제도에서 선택지는 두 가지이다. 한 가지는 즉각 집행이고, 또 한 가지는 2년 유예 후 상황을 살펴 감형(예를 들면 종신형)하는 것이다.

살인 죄목의 구카이라이가 집행유예 없는 사형 판결을 받지 않은 것은 온정 어린 처사였다고 할 수 있다. 또한 본래대로라면 국가기밀 누설죄로 추궁을 당해도 이상할 것이 없는 왕리쥔에게 정치 권리 박탈 1년 형이 내려진 것도 비교적 가벼운 판결이었다.

두 사람에 대한 온정적 판결은 그들의 정치적 배경, 혹은 정치적 역할을 고려했던 것으로 보인다. 보시라이 재판이 실각으로부터 18개월이 지나서야 공판에 이르렀던 것, 기소까지 적극적인 비판 캠페인이 전개되지 못했던 것으로 미루어 보아도 그 처우에 대해 정권 내부에서 분쟁이 상당했음을 알 수 있다. 보시라이의 죄상을 철저하게 폭로하면 연좌될 수밖에 없을 만큼 관계가 깊었던 중국공산당 간부가 많았다고 전해진다. 또한 빈부 격차 시정을 호소해 국민의 지지를 받았던 보시라이를 무시할 수는 없었던 게 아니었을까?

권력투쟁에서 패한 보시라이는 현 체제의 정당성을 증명하기 위한 '호랑이 퇴치용' 호랑이, 즉 희생양이었다고 말할 수 있을 것이다.

그러나 중국 서민 사이에는 "하위층인 우리도 뇌물을 요구할 정도이기 때문에 위에서는 더 굉장한 짓을 하고 있을 것이다"라는 인식이 확산되고 있다. 강기숙정을 호소한 중국 지도부의 기대는 개혁에 대한 상당한 각오가 뒷받침되지 않는 한 헛수고일 것이다.

수천 년의 역사를 뒤돌아봐도 서민의 목소리는 황제에게 전달되지 않는다는 단념이 국가를 지배해왔다. 과거 황제와 현재 중국공산당 지도부는 유사한 존재이다. 70년에 가까운 중국공산당 지배 아래 권력이 당에 집중된 결과, 관리의 횡포와 수뢰가 횡행하고 당이 서민으로부터 소원시되는 경향이 강해지고 있다. 중국공산당은 이에 대해 위기감이 상당하다. 보시라이 재판은 그 김 빼기의 초발初發이다.

## 지도 간부의 퇴치

정치가와 관료를 향해 높아지는 국민의 불만과 의심암귀는 현 체제에 대한 신인信認을 근저로부터 흔들 수밖에 없다. 그렇기 때문에 현 정권은 강기숙정으로서 오직을 적발하는 데 주력하지 않을 수 없다. 시진핑 체제가 발족한 후부터 중앙의 차관급 이상과 지방의 부성장副省長급 이상이 차례로 면직 처분되고 있다.

2014년 들어서는 전前 정권 중앙정치국 상무위원회(차이나 세븐) 저우융캉周永康의 의념에 초점이 맞춰지고 있다. 저우융캉이 톱을 맡았던 석유·천연가스 집단에서 가족 등에 의한 부동산 거래 및 유전油田 이권에 결부된 부정부패 용의에 더해, 보시라이와 더불어 시진핑으로부터 정권을 탈취하고자 기획했다는 의혹이 부상했다. 그가 역임했던 정법위원회 서기 자리는 200만 명에 가까운 무장경찰의 지휘권을 장악하고 있으며, 시진핑 체제를 저지하기 위해서 반일 시위를 선동했다는 소문도 있다.

홍콩의 신문에 의하면 스위스 은행을 경유해 1조 엔이 저우융캉의 친족에게 넘어왔다고 한다. 현재 이전 측근이 차례로 구속되고, 그중에는 경찰 부문인 공안부의 현직 차관도 있다.[3] 저우융캉 본인과 장남, 가족이 조사를 받고 있다고 전해진다.

전임 중앙정치국 상무위원의 적발은 보시라이 사건보다도 큰 사건이다. 저우융캉을 적발하면 전임 최고 지도부에 대한 의혹으로 발전할 수밖에 없다.

예를 들면 2012년 10월 ≪뉴욕 타임스New York Times≫가 보도했던 전임 총리 원자바오溫家寶 일가의 부정 축재 문제가 있다. 원자바오의 모친, 부인, 아들, 동생, 의제義弟 등의 자산을 모두 합하면 2700억 엔 이상에 달한다고 한다. ≪뉴욕 타임스≫는 투자 사업으로 큰돈을 벌고 있는 아들 등의 축재 수법을 구체적으로 보도했다. 중국은 이 보도를 중상中傷이라고 부정했다.

또한 시진핑 일가가 직위를 이용해 부정 축재를 했다고 고발하는 보도도 있었다. 2013년 11월 홍콩 ≪명보明報≫는 시진핑의 누나, 매형의 홍콩발發 축재를 보도하며, 희토류 기업과 휴대전화 기업에 대한 투자 외에도 홍콩에 부동산 7개를 보유하고 있다고 전했다. 원자바오와 시진핑 관련 스캔들은 중국 국내에서는 차단되었고, 고관高官 재산 등에 대한 보도 또한 금지되고 있다.

이러한 정보가 사실인가 아닌가의 여부는 알 수 없다. 그

---

3 리둥성李東生을 지칭한다. _옮긴이 주

렇지만 불이 없는 곳에 연기가 날 리 없다. 권력자를 털면 먼지가 나오는 것은 동서양을 불문한다. 권력은 불안정하며, 권력자는 경우에 따라 일거에 그 지위를 상실할 가능성도 있다. 특히 권력투쟁이 치열한 중국에서는 그 리스크risk가 높다. 돈과 혈족에 미래를 기탁하는 행위가 횡행하는 것은 중국에서 권력의 불안정함을 상징하는 것이라고 할 수도 있다.

수구파는 지금도 영향력을 행사하고 있기 때문에 시진핑이 매우 조급하게 적발을 추진한다면, 이번에는 시진핑 주변의 흠이 발견되어 반격을 받게 될 가능성도 있다. 이와 관련된 부분의 지휘를 어떻게 할 것인가?

시진핑은 2012년 12월, 국민의 눈을 의식한 강기숙정 캠페인의 한 가지로 부패 박멸을 지향해 '시진핑 8개항習八項'을 제기했다. 이는 공산당원을 대상으로 하고 있으며, 서민이 받아들이기 쉽다. 아래에 해당 내용 몇 가지를 제시한다.

· 관리가 시찰할 때 레드 카펫을 깔지 않는다.
· 시찰을 응대하는 측은 연회를 마련하지 않는다.
· 외국 방문할 때 수행원의 수를 억제한다.
· 비행기 퍼스트 클래스에 탑승하지 않는다.
· 외국을 방문할 때 현지 중국 기업과 유학생 대표 등에 의한 송영
  送迎을 마련하지 않는다.

· 쓸데없는 회의를 하지 않고, 회의 발언은 짧게 하며 공론空論을
  하지 않는다.
· 문서, 보고서를 간결하게 한다.
· 개인 저작류의 출판은 하지 않는다.
· 축하장이나 축전은 보내지 않는다.

매우 상세한 규정인데, 간단히 말하면 △ 화려한 관례는 폐
지하라, △ 쓸데없는 형식주의는 그만두라, △ 절약하라는 것
이다. 뒤집어보면 중앙의 공산당원은 이제까지 시진핑 8개항
에 상징되는 것과 같은 일을 일상적으로 해왔다는 증거이기
도 하다.

## 흔들리는 중국공산당의 정당성

시진핑 8개항은 공산당원을 향한 강기숙정책이다. 그런데
중국에 진출한 일본 경제인에 의하면, 이 포고의 영향으로 사
치품이 팔리지 않는다고 한다. 그렇지만 시진핑 8개항을 발
표한 진정한 목적은 사치와 쓸모없는 짓을 한 인간을 징벌하
는 것만은 아니다. 중국공산당이 신뢰를 되찾기 위해 국민에
게 호소하는 것이다.

중국공산당은 항상 자신의 정당성을 국민에게 신임받지

않으면 안 된다. 중국공산당이 얼마나 올바르게 국민을 위해 일해왔는지, 중국 국민이 중국공산당에게 감사하고 신뢰하도록 만들지 않으면 안 된다.

이제까지는 중국공산당원 8800만 명이 그들의 약 10배에 해당하는 중국 인민 14억 명을 지배해왔다. 그런 중국공산당의 정당성에는 두 가지 근거가 있다.

첫째, 전후 광대한 토지가 있었고, 소수민족 문제 등을 내부에 안고 있었으나 사회를 경제적으로 다시 일으킨 것이다.

마오쩌둥이 1958년부터 농업·공업의 대중산을 지향한 '대약진 정책'은 수천 만 명에 이를지도 모른다는 아사자를 내고 대실패로 끝났다. 그렇지만 1980년대 후반부터 덩샤오핑의 개혁개방에 의해 중국 경제는 대단히 높은 성장률을 유지했고, 지금은 세계에서 제일가는 경제대국으로 발전했다. 국민의 생활 수준은 상승했고, 도시에 고층 빌딩이 늘어서는 등 선진국 대열에 들어서려는 참이다.

둘째, 항일전쟁에 승리했다는 것이다. 중일전쟁(1937~1945년)에서 중국공산당 팔로군八路軍이 일본군에 승리를 거두어 중국 국민은 얼마나 행복해졌는가? 만약 패했다면 국민이 도탄의 고생을 맛보았을 것이라는 인식이 공유되고 있다.

반일反日 교육에서 일본군이 당시 얼마나 나쁜 짓을 했는지 강조하고, 중국공산당이 그들을 징벌했으며, 따라서 중국공산당을 믿으라고 선전한다. 시선을 달리하면, 결과적으로 중국공산당에게 있어서 국민의 반일 감정은 자신의 정당성을 호소하는 데 필요했다고 볼 수 있다.

중국공산당은 경제성장에 의한 생활의 안정과 항일전쟁의 승리라고 하는 두 가지 이유로 국민으로부터 신뢰를 유지하면서 독재를 계속해왔다. 그렇지만 현재 경제성장률은 과거처럼 고성장을 유지하지 못하고 있고, 일본군에 대한 승리도 과거의 역사로 희미해지고 있다.

중국공산당의 두 가지 정당성에 대한 국민 의식이 약해지고 있는 것은 '시진핑 체제'의 최대 현안이라고 보아도 좋다.

## 2017년까지가 시진핑 체제의 중요한 고비

시진핑은 국가주석에 취임한 이후 최초 연설에서 '중화민족의 꿈'이라는 말을 24분 동안 9회에 걸쳐 사용했다. 중국의 꿈은 중화민족의 꿈이다. 시진핑이 구가謳歌했다고 하는 중화민족의 꿈은 소수민족 55개를 포함한 중화민족의 단결에 대한 호소이다. 혹은 중요한 과제인 국민의 빈부 격차에 대한 감소 결의의 표명이다.

그러나 국민에게 축적된 분노와 불만은 꿈과 사상으로는 억지되지 않는다. 만약 경제가 개선되지 않고, 국민이 시위와

테러 혹은 반란이라는 강경 수단에 나선다면, 그것을 억지할
수 있는 것은 군대이다. 즉, 지지 기반이 약한 시진핑이 정권
을 안정적으로 유지하기 위해 우선 필요한 것은 군의 지지를
장악하는 것이다.

중국에는 당 중앙군사위원회와 국가 중앙군사위원회가 있
는데, 군권 장악은 그리 쉬운 일이 아니다. 후진타오 전임 국
가주석은 2002년 제16차 당대회에서 최고 지도자가 되었음
에도 장쩌민이 눌러앉는 바람에 그로부터 2년 후인 2004년에
야 당 중앙군사위원회 주석에 취임해 삼권=權을 장악했다.

시진핑은 2012년 11월 제18차 당대회와 2013년 봄 전국인
대를 거쳐 당과 국가의 중앙군사위원회 주석으로서 군 통수
권자에 선출되었다. 그는 국방부에서 경력을 쌓았고, 그의 부
인[4]은 '육군 가희歌姬'로 알려진 육군 소장이다.

향후 적어도 5년간 군의 지지를 얻지 못한다면 시진핑은
정권을 유지할 수 없을 것이다. 그렇게 되면 외교 방면에서
보수적·강경적 정책을 취할 수밖에 없다. 즉, 그가 제기할 수
있는 문제는 과거 5년 동안과 크게 다를바 없음이 분명하다.

그러나 '차이나 세븐'에서 장쩌민의 측근인 수구파 5명은
연령상 2017년 당대회에서 정년퇴직한다. 그렇게 되면 시진

---

4 펑리위안彭麗媛을 지칭한다. _옮긴이 주

평에 가까운 정치국 위원 5명이 상무위원으로 올라간다. 시진핑은 그때 처음으로 '차이나 세븐'의 진용을 교체하고 권력 기반을 확고히 할 수 있는 최대 기회를 얻게 된다. 즉, 시진핑은 2017년 2기 무렵부터 서서히 자신의 의견을 펼칠 수 있게 될 것이 틀림없다.

현재 시진핑은 각 지방 도시의 성청省廳 부서기 등 이인자와 삼인자 인사 배치를 당 중앙정치국 위원 리위안차오李源朝를 통해 진행하고 있는 것으로 알려졌다. 시진핑 인맥에 연계된 그들은 수년 후 중앙으로 승진하고, 시진핑을 필사적으로 보좌할 것이다. 중국의 강고한 관료 사회에서는 정치 인맥이 자신의 생명, 재산, 지위를 보장한다. 그들에게도 사활이 걸린 문제인 것이다.

지도층 권력 기반의 강약은 반일 운동과 강한 관련이 있다. 권력 기반이 약하고, 국내 정치가 불안정해지면 구심력을 유지하기 위해 반일反日로 나아가는 경향이 있다. 후진타오 전임 총서기의 임기 후반 들어서 장쩌민 전임 총서기 일파와의 파벌 투쟁이 있었는데, 이로써 후진타오의 지배력이 쇠약해졌고 반일 운동은 점차 강해졌다.

물론 중국의 국력이 증강하고 상대적으로 일본이 쇠약해진 데 따라 동아시아 국제정치의 세력 균형이 변한 것도 한 요인이지만, 반일 운동의 배경에는 확실히 중국 국내정치 역학의 변화가 있다.

이는 한국에서도 마찬가지이다. 이명박 전 대통령이 정권 말기 국내에서 구심력을 상실함에 따라 독도 영유권 문제를 둘러싸고 반일로 나아갔다. 그리고 정권 기반이 아직 안정되지 않은 박근혜 대통령이 그 흐름을 이어가고 있다.

## 시진핑과 차세대 리더의 인물상

시진핑 본래의 정치 의견을 본격적으로 내세울 수 있는 것은 어디까지나 그가 주도하는 인사가 실현되고, 지지 기반이 반석을 다진 단계에서이다. 시진핑은 과연 어떤 인물일까?[5]

시진핑은 푸젠성福建省 출세 코스를 타고, 2000년 푸젠성 성장·저장성浙江省 서기·상하이시上海市 서기, 2007년 중앙정치국 위원으로 발탁되기까지 이례적인 속도로 출세를 거듭했다. 일본과 타이완에 가까운 푸젠성에 24년간 있었던 것만으로 푸젠성과 자매도시 관계인 나가사키현長崎縣의 지사와 현의회 의장이 방중했을 때는 반드시 나왔다.

부친이 중국공산당 간부라 문화대혁명 시대에 하방(농업 종

---

5 시진핑에 대해서는 다음을 참고하기 바란다. 소마 마사루相馬勝, 『시진핑』, 이용빈 옮김(한국경제신문사, 2011). ＿옮긴이 주

## 시진핑 체제의 구도(2014년 4월 기준)

| 중국공산당 중앙정치국 상무위원(차이나 세븐) | |
|---|---|
| 시진핑(習近平, 60) | 당 총서기, 국가주석, 중앙군사위원회 주석 |
| 리커창(李克强, 58) | 국무원 총리 |
| 장더장(張德江, 67) | 전국인대 상무위원회 위원장 |
| 위정성(俞正聲, 69) | 전국정치협상회의 주석 |
| 류윈산(劉雲山, 66) | 당 중앙서기처 필두 서기, 중앙당교 교장 |
| 왕치산(王岐山, 65) | 당 중앙기율검사위원회 서기 |
| 장가오리(張高麗, 67) | 국무원 필두 부총리 |

| 당 중앙정치국 위원 | |
|---|---|
| 마카이(馬凱, 67) | 국무원 부총리 |
| 왕후닝(王滬寧, 58) | 당 중앙정책연구실 주임 |
| 류옌둥(劉延東, 68) | 국무원 부총리 |
| 류치바오(劉奇葆, 61) | 당 중앙선전부장, 당 중앙서기처 서기 |
| 쉬치량(許其亮, 64) | 중앙군사위원회 부주석 |
| 쑨춘란(孫春蘭, 63) | 톈진시 당 위원회 서기 |
| 쑨정차이(孫政才, 50) | 충칭시 당 위원회 서기 |
| 리젠궈(李建國, 68) | 전국인대 부위원장 |
| 리위안차오(李源潮, 63) | 국가부주석 |
| 왕양(汪洋, 59) | 국무원 부총리 |
| 장춘셴(張春賢, 60) | 신장 위구르 자치구 당 위원회 서기 |
| 판창룽(範長龍, 66) | 중앙군사위원회 부주석 |
| 멍젠주(孟建柱, 66) | 당 중앙정법위원회 서기 |
| 자오러지(趙樂際, 57) | 당 중앙조직부장, 당 중앙서기처 서기 |
| 후춘화(胡春華, 51) | 광둥성 당 위원회 서기 |
| 리잔수(栗戰書, 63) | 당 중앙판공청 주임, 당 중앙서기처 서기 |
| 궈진룽(郭金龍, 66) | 베이징시 당 위원회 서기 |
| 한정(韓正, 60) | 상하이시 당 위원회 서기 |

사에 의한 사상 교육으로 지방에서 실시되었다) 경험이 있으며, 젊었

을 때 고생을 했다. 따라서 인간적으로는 젊은이의 기분을 이

해할 수 있는 인물이라고 생각한다.

이제까지 십여 차례 만나본 시진핑은, 친일파에 가깝고 비교적 공정한 인물이었다. 그는 필자와 만날 때마다 "양국은 주소 변경이 불가능한 사이이다"라고 반복해서 말했다.

시진핑을 밑받침하는 차기 리더 유망주는 50대인 왕양汪洋, 쑨정차이孫政才, 후춘화胡春華 3명이다. 각각 매우 유능하며 5년 후에는 상무위원이 될 것이다. 특히 쑨정차이와 후춘화는 올해 51세이기 때문에 앞으로 20년 정도는 활약할 것이다. 그러면 이 둘이, 특히 중일 관계에서도 중요해진다.

대일對日 경제 창구인 국무원 부총리 왕양은 광둥성廣東省 서기였고, 민주 개혁의 기수로 간주된다. 1963년 출생한 쑨정차이는 내몽골(네이멍구)과 창저우長州라고 하는 동북 3성東北三省의 대공업 지대에서 서기를 경험했다.

후춘화는 내몽골 자치구와 광둥성 서기를 역임했으며, 균형이 잡힌 인물이다. 내몽골이라는 광대한 국경에 접해 있는 지역을 다스리고, 국제적 경제 마찰을 유발한 희토류 문제(제4장 참조)를 수습했다.

상무위원 가운데에서 주목해야 할 이는 왕치산이다. 공부벌레였던 그는 국제파의 금융 프로이다. 경제개혁에 민완敏腕을 발휘해, 유능한 총리였던 주룽지朱鎔基에 필적하는 행정 능력을 갖고 있다고 평가받는다.

리위안차오는 60대 전반으로 조금 나이가 있지만, 5년 후에는 확실히 상무위원의 일원이 될 인물이다. 그가 장쑤성 서기에 취임했던 2002년 필자는 비즈니스맨으로서 경제 고문을 했다. 리위안차오는 상무위원은 아니지만 현재 부주석이며, 차기 국가주석으로도 점쳐질 정도의 실력파이다.

일본의 오자와 이치로小澤一郎 아래에서 홈스테이를 했던 리커창을 포함해 왕양, 리위안차오, 쑨정차이, 후춘화는 지일파知日派이다. (필자가 보는 한) 시진핑 정권은 매우 '친일 체제'라고 할 수 있다. 중국과 일본 사이에 마찰이 없는 시대라면 양국에 대단히 양호한 관계가 구축되었을 것이 틀림없다. 시진핑 체제를 고려할 때 이런 시선을 놓쳐서는 안 된다.

일본 미디어는 중국의 '정권 지도'를 보고 유명 정치가의 사제師弟 모임인 '태자당'이라든지, 젊은 엘리트 집단 '공산주의청년단(공청단)' 등의 그룹을 제시하며, '태자당 vs. 공산주의청년단', '장쩌민파 vs. 후진타오파' 같은 이항 대립의 알기 쉬운 도식으로 설명하기 십상이다. 일본의 파벌 투쟁 같은 양상을 상상하는 것이다.

이와 같은 도식에서 말하자면 전임 국무원 부총리 시중쉰習仲勳의 아들 시진핑은 태자당에 속한다. 실각한 보시라이도 그렇다. '차이나 세븐' 가운데에서는 위정성, 왕치산도 태자당이며, 한 식자識者는 장쩌민이 태자당에 가깝다고 지적하기도 한다. 태자당의 대다수는 문화대혁명(1966~1977년) 때 하방 경험이 있으며, 시진핑도 예외는 아니다.

그러나 이런 딱지를 붙이는 것은 일본 미디어가 중국 권력도圖權力圖를 설명하는 데 편하기 때문일 뿐이다. 필자가 과문해서인지 태자당이 회의를 열었다든지 협의를 했다든지, 들은 바가 없다. 태자당이 그렇게 했다면 바로 주변에 알려질 것이다. 부모 세대에 사이가 좋다고 해서 자녀 세대도 마찬가지라고는 할 수 없으며, 오히려 그 반대 사례도 많다.

무엇보다 그러한 낙인이 붙은 정치가는 수장首長이 실각했을 때 연좌되지 않을 수 없다. 따라서 중국의 정치가는 자신이 서 있는 위치를 그토록 쉽게 명확히 하지 않는다. 중국의 권력관계는 외부에서 바라보고 이해할 수 있을 정도로 간단하지 않다.

### 긴타로 사탕과 같은 발언

중국 요인과 단체의 수장은 모두 같은 것을 말한다. 대포의 구경이 통일統一口徑되어 있는 것처럼, 사상적으로나 철학적으로나 중앙의 방침으로부터 일탈한 것은 말하지 않는다.

이런 사상 통제에 커다란 역할을 수행했던 것이 중국공산당 중앙당교(중앙의 공산당 학교)이다. 부장과 국장급은 직책에 취임하기 전 3개월 정도 이곳에서 중국공산당의 역사와 이념, 목표, 정책 등에 대한 주입식 교육을 받는다. 당 간부를 양성하기 위한 '교육기관'이지만, 있는 그대로 말하자면 세뇌 기관이라 할 수 있다. 교장에는 중국공산당의 이인자가 취임한다. 후야오방胡耀邦과 후진타오, 시진핑도 취임한 바 있는 요직이다.

이곳을 나온 중국공산당 간부들은 어느 부분을 잘라도 같은 얼굴인 '긴타로金太郎 사탕'처럼 같은 것을 말한다.

필자는 당교에 초대되어 강연을 했던 적이 있다. 중국과 일본의 경제 문제와 영토 문제 등에 대해 말했는데, 그들의 의논은 중앙의 기정방침으로부터 조금도 진전되지 않았다. 따라서 말을 하더라도 전혀 재미가 없었다. 그들의 본 목소리를 끌어내려면 개인적 신뢰 관계를 구축하는 것이 필수이다.

### 소수민족 문제에 결부된 격차와 종교

중국이 내포한 문제로 말을 돌려보겠다. 시진핑이 구가한 '중화민족의 꿈'에는 소수민족을 포함한 중화민족 단결의 결의가 담겨 있다. 그만큼 중국에서 소수민족 문제는 심각하다. 이 문제는 빈부 격차 문제인 동시에 종교 문제이기도 하다.

카를 마르크스Karl Marx가 "종교는 정신의 아편이다"라고 말한 바와 같이, 공산주의는 종교와 항상 충돌해왔다. 종교의 권력은 사상과 철학 이상으로 강하고, 이슬람 원리주의 자폭 테러에서 알 수 있듯이 종교적 신조가 개인의 생명보다 우선하는 경우도 적지 않다.

종교가 개인의 신심信心에 머물러 있는 한 무해하더라도 집단을 이루면 엄청난 세력이 될 수 있다. 전국시대에 오다 노부나가織田信長가 히에이잔比叡山을 불로 공격했던 것처럼 역사상 정치에 의한 종교 탄압은 너무 많아서 일일이 셀 수가 없다.

예를 들면 중국에서 티베트 불교는 문화대혁명 시기에 철저한 탄압을 받았다. 중국 정부는 2008년 티베트 자치구 라싸拉薩에서 일어난 폭동을 탄압했다. 신장新疆 위구르(웨이우얼) 자치구에서는 이슬람교 위구르족의 반反정부·분리독립운동이 끊이지 않는다. 2009년 우루무치 시내에서 위구르족 3000여 명이 항의 시위에 나서 치안 부대와 충돌이 발생했는데, 중국 당국 발표에 따르면 사망자 197명이 나왔다.

기억에 남는 것으로는, 2013년 10월 베이징시 천안문(톈안먼) 앞에서 위구르 가족의 차가 돌입해 불타고 5명이 사망한 사건이다. 2014년 3월에는 윈난성雲南省에서 습격 사건이 있었고, 4월 22일에는 신장 위구르 자치구 우루무치역 앞에서 폭발 사건이 일어나 79명이 죽거나 다쳤다. 또한 같은 시에서 5월 22일에도 차량 폭탄 테러가 발생해 사상자가 125명을 넘었다고 전해진다. 이들 사건의 동기가 빈부 격차인지 인권 문제인지 소수민족의 정치적 불만인지, 혹은 이 세 가지가 모두 복합된 것인지는 아직 알 수 없다.

이민족異民族이 한 지역에 모여 산다면 일괄 통치하기가 쉽겠지만 이들은 전체 국토에 여기저기 흩어져 있을 뿐만 아니라, 오늘날 정보는 인터넷을 통해 일순간에 확산된다. 잘못된 방법 하나 때문에 한곳에서 발생한 충돌을 계기로 지방 이곳저곳에서 불길이 솟을 가능성이 있다.

베이징 올림픽 이전인 2008년에 안전을 확보하고자 베이징시에서 '칼 사냥'을 실시했을 무렵, 대량의 총과 총탄, 폭약, 도검을 압수했다고 보도된 바 있다(공식적으로는 미확인). 폭약 3670톤, 뇌관 1058만 개, 군용 총 12만 정, 탄환 820만 발, 검 210만 개에 이르는 방대한 양이었다. 또한 당국의 단속으로 총기 관련 사건 3946건, 용의자 1만 4000명, 불법 총기 및 탄약 저장고 486개소, 무기 판매 조직 197개를 적발했다.

2014년 5월에도 후난성湖南省에서 경찰 당국이 총 1436정, 밀조 총 2800정, 도검류 3402개를 압수한 자료가 첨부 사진과 함께 보도되었다.

이 엄청난 숫자는 중국 국민에게 잠재된 불안을 나타낸다. 일본인은 상상할 수 없지만, 중국은 미국과 마찬가지로 이민족, 다른 종교가 다수 공존하는 국가이기 때문에 중국 국민은 타자와 충돌할 위험성에 노출되어 있다. 정부의 치안 조치를 신용하지 않는 중국 국민은 자위책을 강구해 무기류를 소지하려 한다.

이러한 불안 요소가 언제 폭발할 것인지는 물론 알 수 없다. 중국 정부가 지방의 수장首長에게 권한을 부여한 것은 이처럼 소수민족 통치에 무게를 두고 있기 때문이기도 하다.

## 인구 20%가 도시로 유입된 농민

현 체제가 가장 골머리를 앓고 있는 문제 가운데 하나는 '농민공農民工'일 것이다.

중국의 4000년은 농민반란을 토대로 한 권력투쟁의 역사였다고 보아도 좋다. 원元 왕조에서 일어난 △ 홍건紅巾의 난(1351년) 한림이韓林兒에서, △ 태평천국太平天國의 난(1850년) 홍수전洪秀全, △ 신해혁명辛亥革命(1911년)의 쑨원孫文, △ 홍군紅軍의 마오쩌둥까지 반란과 혁명의 주체는 모두 농민이었다. 농민반란이 격렬했던 것은 내일에 목숨을 걸어야 했기 때문이다.

현재 중국의 호적 제도는 '도시 호적'과 '농촌 호적'으로 양분되어 농촌에서 도시로의 인구 유입을 엄격히 제한하고 있다. 두 호적 간의 격차는 현저하며 농민의 울적함은 쌓일 대로 쌓여 있다.

예를 들면 도시 주민은 급여와 정년 이후의 연금을 보장받고, 의료·교육 등에서 후한 생활 보장을 제공받아 온 데 비해, 농민에게는 그와 같은 보장이 조금밖에 없다. 농촌 호적자는 베이징에 가더라도 교육을 받을 수 없기 때문에 고액의 사립 학교를 다녀야 한다. 같은 교통사고라고 해도 도시 호적자가 배상금을 몇 배나 더 받을 수 있다.

그럼에도 개혁개방 정책 아래의 도시 산업화에 부응해 농촌에서 도시를 향해 수십 만 단위로 사람이 유입되기 시작했다. 나아가 농촌 도시화에 의해 농지가 주택 용지로 전용되어 지방에서 농민의 일이 점점 없어지고 있는 것도 도시 유입에 박차를 가하게 만들었다. 그 결과 호적 제도에 의한 관리가 서서히 어려워졌다.

일부에서는 취로就勞를 위해 도시 호적을 부여하는 사례도 있지만, 문제는 도시 호적을 받지 못한 채 도시에 정주하고 일하는 농민이 압도적으로 많다는 것이다. 그들은 농민공이라고 불린다. 그 수는 현재 2억 5000만 명에 달하는 것으로 간주된다. 즉, 중국 인구의 약 20%가 농민공이다.

농촌 호적 상태로 도시에 정주하면, 도시 호적으로 누릴 수 있는 의료와 교육 부문의 공공 서비스를 받을 수 없을 뿐만 아니라 취직, 임금, 노동조건 측면에서도 차별당한다. 같은 업무를 하더라도 이런 대우 격차가 있다면 농민공에게 불만과 분노가 소용돌이치는 것은 당연하다.

그렇다고 농촌 호적을 간단히 도시 호적으로 바꿀 수는 없다. 방대한 생활 보장비가 요구되기 때문이다. 농촌 호적으로 지불된 생활 보장비가 도시 호적으로 변하면 어느 정도일까?

2013년 6월 18일 자 ≪주간이코노미스트週刊エコノミスト≫가 제시한 수치에 따르면, 2012년 집계 자료 아래 상하이시의 평균 월수입은 1450위안(2014년 5월 기준으로 1위안은 약 16엔이다)으로 그 이하 세대에게 지급되는 생활 보장비는 매달 570위안이다.

한편 후베이성湖北省 사양현沙洋縣 농촌의 평균 연수입은 약 3000위안(월수입은 250위안)이다. 연수입 1500위안 이하 세대에는 매달 300위안을 지급한다. 1년이면 3600위안이기 때문에 연수입의 2배 이상이 수중에 들어온다.

후베이성 사람이 상하이로 이주했다면, 물론 월수입 1450위안 이하이기 때문에 상하이시는 생활 보장비로 매달 570위안을 지급해야 한다. 1년이면 6840위안이다. 후베이성에서 지급되지만 상하이 호적자라면 약 2배가 더 많은 금액을 받는 것이다.

시진핑 정권은 현재 52%의 도시화 비율(총인구 가운데 도시 주민 비중)을 2020년까지 60%로 끌어올린다는 방침을 제시했다. 그렇다면 매년 최저 1400만 명이 농촌에서 도시로 유입된다.

매년 도쿄도東京都 1개가 탄생하는 셈이다. 농촌 호적이 도시 호적으로 변경된다면 유입은 더 빨라질 것이다.

상하이와 농촌의 격차는 대단히 크기 때문에 호적을 변경해 생활 보장비를 지불한다면, 상하이시 재정은 파탄을 맞이할 것이다. 그렇다고 농촌 호적대로 대우한다면 상당한 격차 때문에 농민공의 불만이 가중된다.

2008년 무렵부터 허베이성河北省과 랴오닝성遼寧省 등 13개 성과 시에서 농촌 호적과 도시 호적을 폐지하고 '거민居民 호적'을 만들려는 움직임이 있었다. 도시와 농촌으로 구분되지 않는 새로운 혼합호混合戶이다. 농민공의 불만을 완화시키는 정책의 하나라고 할 수 있다.

앞으로 10년간 도시화 비율이 상승하면, 도시에 대한 투자액으로 40조 위안(약 640조 엔)이 필요하다고 한다. 일본의 국내총생산GDP을 넘는 액수이다.

중국사회과학원의 계산으로는 2030년까지 농민공 3억 9000만 명이 도시 주민이 되고, 이에 따른 재정 부담은 중국 국내총생산에 상당하는 51조 위안(약 816억 엔)에 이른다. 사실상 있을 수 없는 수치이다. 중국의 개혁개방 경제는 기로에 접어들고 있다.

### 선거로 밑받침되지 않는 일당독재의 한계

앞으로 중국은 어떤 국가가 될 것인가?

공산당 일당독재 통치가 영겁永劫 계속되지는 않을 것이다. 세계 제일의 경제대국이 되고, 교육이 진전되어 민도民度가 향상되고, 인터넷으로 정보가 유통된다면, 국민의 목소리를 무시하기란 불가능할 것이다. 민의를 충분히 반영하지 않는 정치체제는 어쨌든 개혁에 내몰리게 된다.

그렇다고 해도 중국공산당의 독재 체제는 좀 더 한동안 지속될 수밖에 없다. 중국 국민 14억 명의 민의를 반영하고자 선거를 실시하는 것은 그리 쉬운 일이 아니기 때문이다. 중국 국민이 읽고 쓸 수 있을 만큼 일정한 교육 수준에 도달하지 않고서는 선거를 실시할 수 없다. 중국에는 아직 빈곤층도 많고, 교육 환경도 충분하지 않다.

그러나 선거로 국민의 신임을 얻지 못한 정치체제가 취약하다는 것은 역사가 증명한다.

아시아 일부 국가, 아프리카, 중·근동 등 형식뿐인 선거로 지도자를 뽑는 국가에서는 쿠데타 발생의 위험이 끊이지 않는다. 선거로 당선되지 않은 독재 정권을 향해서는 군이 총을 겨눌 수 있다. 혹은 선거 이외의 일로 실각할 가능성도 적지 않다. 그런 의미에서는 중국의 정치체제도 결코 튼튼하다고 말할 수 없다.

　선거로 선출된 국가의 지도자는 쿠데타로는 전복되지 않는다. 국민주권의 민주주의 체제 아래에서 국민이 뽑은 정권에 총을 겨누는 것은 국민에게 총을 겨누는 것과 매한가지이기 때문이다.

　예로 이해하기 쉬운 사례가 한국이다. 제2차 세계대전 이후 한국의 초대 대통령 이승만은 민중을 탄압하고 해양 어업 구역을 폭력적으로 확대했다. 이러한 '이승만 라인' 설정이 독도 문제의 발단이었다.[6]

　1987년에 보통선거로 대통령을 선발했다. 한국전쟁 후 이승만에서 전두환에 이르기까지 5대 대통령이 탄생했는데, 대부분이 암살, 사망, 쿠데타에 의한 실각으로 정치 무대에서 퇴장했다.

　1988년 이래 제6대 대통령부터는 쿠데타, 실각이 한 차례도 없다. 국민이 대통령을 선발했기 때문이다. 이는 국가 체제 안정에서 선거라는 제도가 얼마나 중요한가, 국민의 지지 기반이 얼마나 대사大事인가를 보여준다.

---

6 독도 문제의 발단과 그 왜곡의 역사는 '이승만 라인'의 설정에서 비롯된 것이
　아니라, 일본의 한반도에 대한 과거 침략과 침탈에서 전적으로 비롯된 것이다.
　_옮긴이 주

중국의 시진핑 체제는 물론 국민에 의해 선발·발족한 것은 아니다. 그렇다면 국민 14억 명의 6%에 해당하는 중국공산당이 중국을 통치할 정당성은 어디에 있는가? 선거로 국민의 신임을 얻지 못한다면 독재 체제를 유지할 수 없다. 독재 체제를 유지하고 정권에 총구가 향하지 못하게 하기 위해서는 군대를 장악할 필요가 있다.

배후에 '무력 제압' 수단을 배치하고 중국공산당의 정당성을 국민에게 납득시킨다. 중국 위정자에게는 그러한 고도의 정치력이 끊임없이 요구된다.

### 연방 국가가 되는 길뿐이다

빈부 격차, 농민공 문제, 소수민족 문제 등의 불안 요소를 내포한 중국의 행방은 요컨대 어느 정도로 중국 경제가 성장하는가에 달려 있다.

경제가 안정된다면 국민의 불만은 누그러지고 민주주의적 시스템을 강화시킬 수 있다. 거꾸로 경제가 불안정해지면 사회주의적 국가 통제를 강화해나가는 것과 동시에, 국민의 지지를 얻기 위해 대외적으로는 강경책에 나서지 않을 수 없다. 지도자는 이런 내외內外 시책에 대해 항상 경제 동향을 주시하면서 균형을 취해야 한다.

그러나 향후 14억 명을 현재와 같이 중앙 1개소로 통치하기는 어려울 것이다. 중국이 민의를 반영하는 체제가 되기 위해서는 미국처럼 지방분권을 추진하는 연방 국가가 되는 것 외에 다른 길이 없다. 중앙정부가 국방, 재정, 금융, 교육, 통신 등의 방침을 결정하고 구체적인 것은 각 지방에 개혁 권한을 이양한다.

중국 국토는 수송 경제의 관점에서 약 6개 지역으로 구분할 수 있다. 현재 지역을 대표하는 전국인대 대표위원(국회의원에 해당)은 약 3000명이기 때문에 6개 지역으로 나누면 각 지역에 국회의원이 500명이 되는 셈이며, 이는 일본 중의원衆議院 의원 수 480명과 별반 차이가 없다. 14억 명을 6개 지역으로 분할하면 각 지역별로 2억 3000만 명이다. 토지의 광대함은 기준으로 삼지 않는다. 신장 위구르 자치구와 티베트 자치구가 각각 6분의 1 정도인데, 두 자치구를 합쳐도 2500만 명, 중국 전체 인구의 2%에도 못 미친다.

정치 기반이 군건하지 않은 이 5년간 정치 시스템을 크게 바꾸는 일은 없더라도 10년 후 시진핑이 국가주석을 사임할 무렵, 중국은 아시아의 패권국이 될 것이다. 젊은 세대 리더일수록 국민의 목소리를 더욱 존중하지 않으면 안 된다.

그렇다면 왕양, 후춘화, 쑨정차이 등의 정치국 위원 차세대가 다음 국가주석이 될 무렵에는 중국이 개혁을 향해 나아가고 있지 않을까? 필자의 추측으로 20년 후 중국공산당은 확실히 그 모습과 체제를 바꿔가고 있을 것이다.

그러나 일본과 미국 같은 민주주의국가가 될 것인지의 여부는 다른 문제이다. 즉, 국민 투표로 국가의 리더가 결정될 것인지는 알 수 없다. 사회주의적 자본주의와 사회주의적 민주주의 두 가지 가능성이 있는데, 어떤 체제가 될 것인지는 차치하더라도 중국은 장래에 '연방 국가'가 되어서 간접적으로 국민의 목소리를 정치에 반영하는 체제로 이행하지 않을 수 없을 것이다.

제2장 · · · · · · · · · · · · · · · · · · · · · · · · · · · · · ·

# 경제라는 문제

### 세계 각국이 14억 명의 거대 시장을 노리기 시작했다

시진핑이 앞장서서 중국의 경제개혁에 거국적으로 나서기 시작했다고 앞 장에서 논했다. 이번 장에서는 과도기에 있는 중국 경제의 과제를 살펴보는 것과 함께 그에 대한 일본의 대응책을 고려해보고자 한다.

중국은 국가 예산의 약 절반을 민생에 투자하고 있다. 이것은 향후 중국이 값싼 물건을 대량 생산하는 '세계의 공장'에서 전 세계 상품을 소비하는 '세계의 시장'으로 대전환하기 위해 준비하고 있음을 보여준다. 즉, 시장경제를 활성화해 내수 중심의 제2차 자본주의 단계로 이행하고 있다는 의미이다.

거저나 다름없는 국유지를 거의 강제로 빼앗아 도로, 철도,

맨션을 만들어 큰 가치를 만들어낸다. 중국의 급성장은 이와 같은 구도로 발생해왔다. 지금까지는 이런 인프라 투자가 성장을 견인해왔지만, 이제 인프라는 상당 부분 정비되었다. 따라서 인프라 투자가 주도하는 경제성장이 계속될 리는 없다.

향후 경제성장의 견인차로 기대되는 것은 '소비'이다. 소비를 촉진하기 위해서는 노동자의 급료가 증가하지 않으면 안 된다. 당연히 이를 위한 시책이 추진된다.

중국의 이런 시책은 일본의 생존책生存策과 큰 관련이 있다. 지금은 가난한 중국 내륙부 사람들이 풍요로운 생활을 추구하고, 국민 전체의 중류화中流化가 이루어진다면 중국은 틀림없이 세계의 대大소비 지역이 된다. 우선 중국의 연안 지역이 급속하게 경제 발전을 이루어, 거대한 소비 시장이 되어간다. 이것은 일본 경제에 커다란 기회이다.

일본무역진흥기구JETRO 추계에 의하면 2013년 1~8월 일본의 대對중국 투자액은 상당히 감소하고 있다. 한편 아세안ASEAN 국가들을 향해서는 급증하고 있다. 요컨대 일본은 중국에서 아세안으로 투자처의 중심을 이동하고 있다.

특히 섬유 업계는 '차이나 리스크china risk'를 피해서 베트남, 방글라데시, 파키스탄 등의 동남아시아 국가로 진출하고 있다.

중국의 자동차 판매 대수 가운데 2008년에는 25.8%였던 일본계 자동차의 점유율이 2010년에는 20%를 밑돌고 2012

년에는 16.4%까지 떨어졌다. 이 수치를 보면 일본의 대對중국경제력이 급속히 약해지고 있다는 것을 알 수 있다.

이에 반해 독일은 중국에서 유럽 최대 무역국이 되었고, 프랑스는 2014년 3월 중국과 항공기, 자동차, 원자력 발전 분야 등에서 2조 5000억 엔 상당의 대규모 계약을 체결했다고 발표했다.

일본 외의 각국은 중국에 투자를 늘리고 있다. 독일, 한국을 위시해 동남아시아의 유력 기업도 중국에 대한 발걸음을 착착 내딛고 있다. 제조업뿐만이 아니다. 태국 CP Charoen Pokphan 그룹은 중국의 '민생 중시' 정책에 맞추어 보험 부문에 파고들 계획을 추진하고 있다. 중국은 전자 부품의 40%를 일본에서 구입해 조립·수출하고 있는데, 한국이 이 사업에 진출을 시도하고 있다.

소비 경제로 방향을 틀려고 하는 중국 시장을 향해 각국이 격전을 벌이고 있다. 일본이 안이한 태도를 보이는 가운데 중국, 한국, 신흥국의 기술 수준은 확실히 일본에 육박하고 있다. 거대 시장을 점점 그들에게 빼앗기고 있는 것이다.

중국 해관총서海關總署가 2014년 1월에 발표한 2013년 무역 통계에 의하면, 중국의 수출입 총액은 전년 대비 7.6% 증가한 4.16조 달러(약 437조 엔)로 서비스 분야를 제외한 물건 무역액으로는 미국을 빼고 세계 1위이다.

무역입국貿易立國인 일본이 살아남기 위해서는 이 거대한 황금알을 획득해야 한다. 이 전략을 마련하기 위해서라도 중국 경제의 구조 변화를 계속 살펴보아야 할 필요가 있다.

## 과거 일본의 1973년부터 1980년대와 같은 시기를 맞이한 중국 경제

2012년, 13년 만에 8%로 떨어진 중국의 국내총생산 실질성장률은 2013년 4~6월 7.5%까지 감속했다. 2013년은 7.7%였다. 이러한 수치만 보고 중국 경제가 실속失速하는 것은 아닌가, 혹은 과잉 공공투자로 거품이 터져 일거에 붕괴하는 것은 아닌가 하는 억측이 일본 미디어에 횡행하고 있다.

그러나 그렇게 간단히 중국에서 거품이 터지지는 않을 것이다.

우선 중국 경제는 2001년 세계무역기구WTO에 가입한 이후 글로벌 경제에 편입되고 있다. 세계경제를 이끄는 중국 경제가 실속한다면, 즉시 세계 각국이 심각한 피해를 입는다.

이제 중국 경제가 쇠퇴하는 것을 세계가 팔짱을 끼고 좌시하는 상황은 없다. 2010년 유럽에서의 소블린 채무 위기 당시 그리스처럼 어떤 형태로든 구제 조치가 강구될 게 틀림없다. 이는 중국 경제를 볼 때 우선적으로 염두에 두지 않으면 안 되는 '글로벌 경제' 아래의 기본 인식이다.

이런 전제를 달고 중국 경제의 행방을 점쳐보도록 하겠다.

중국 경제의 현황을 파악하기 위해 필자는 자주 일본 경제 성장기와 비교를 시도하는데, 중국과 일본의 경제성장 발전에는 약 40년의 '시차'가 있는 것으로 보인다.

전후 일본 경제를 보면, 1955년부터 1973년까지 제1차 성장기는 진무 경기神武景氣, 이와토 경기岩戸景氣, 이자나기 경기いざなぎ景氣 등 세 가지 대경기大景氣가 포함되어 있다. 이때 실질 경제성장률은 평균 9% 이상, 명목상은 15.7%였고 국내총생산은 10조 엔에서 110조 엔으로 10배 이상 팽창했다.

1973년부터 1990년까지 제2차 성장기의 실질 경제성장률은 4.6%로 제1차 성장기의 절반으로 떨어졌다. 그렇지만 국내총생산은 110조 엔에서 440조 엔으로 4배 상승했다.

한편 중국을 살펴보자. 덩샤오핑에 의한 본격적 개혁개방 정책은 1978년부터 시작되었다. 1978년 이후 경제성장률은 평균 9.6%이다. 1978년 3800억 위안이었던 국내총생산은 개혁개방 노선으로 진전된 경제성장에 의해 2010년에는 40조 위안으로 33년 동안 100배 이상 늘었다.

제1기 일본 경제성장의 중심은 1965~1966년 무렵부터 약 10년간 이루어졌다. 중소기업까지 포함해 일본 노동자의 급료는 매년 15~20% 상승했고, 내수 주도의 경제로 이동할 수 있었다. 1974년은 노동쟁의가 가장 많았던 해로 약 5200건이 있었다. 대기업에서도 파업을 했다.

이것이 지금 중국에서 일어나고 있는 실제 상황이다. 중국 노동자 임금은 현재 연간 10~20% 비중으로 상승하고 있다. 2006년과 2011년 임금을 비교하면 약 2배로 뛰어올랐고, 노동쟁의 건수는 12배 증가했다. 중국 헌법은 노동조합 결성을 비롯해 노동쟁의를 인정하지 않기 때문에, 지금 중국에서 일어나고 있는 것은 형태상으로는 일부 조합원이 멋대로 행하는 '산묘山猫 파업'[1]이다.

일본에서는 당시 도쿄 우에노역上野驛에 농촌 청소년들이 '집단集團 취직'을 위해 상경했다. 농촌과 도시의 임금 격차가 확대되어 농촌 연수입은 연간 4만~5만 엔, 도시 연수입은 13만~14만 엔으로 3배 정도 차이가 났다. 이것도 현재 중국의 농촌과 도시 격차 문제와 중첩된다.

농촌에서 도시로 인구가 유입됨에 따라, 일본 농촌에서는 점점 농지가 줄어들고 공업 생산지로 바뀌어 농업 인구도 격감했다. 중국은 이런 도시 구조의 변화 한가운데에 있다.

따라서 향후 중국은 1973년부터 1990년의 일본처럼 앞으

---

1 '살쾡이 파업'이라고도 한다. 노동자 일부가 노동조합의 허가 없이 벌이는 비공인 파업을 뜻한다. _옮긴이 주

로 내수 중심의 제2차 중위中位 경제성장 국면으로 이행할 것
이라 보아도 좋다.

그때 일본에서는 어떤 문제가 일어났는가? 공해, 환경오
염, 오직汚職 등이다. 일본도 반세기 전에는 기업과 유착해 개
인의 사사로운 이익을 채우는 정치가와 회사 직원이 있었다.
지금 기준에서는 상당한 도덕적 해이인데, 당시에는 별로 이
상하지 않았다. 따라서 현재 중국에서 일어나고 있는 다양한
문제를 이해할 수 있다.

명백한 과잉 설비투자

역사적 관점에서의 비교는 현재 중국 사회를 바라보는 데
반드시 필요하다.

필자는 자본주의 발전 단계설의 입장을 취하는데, 이 설에
따르면 자본주의의 진전으로 일본이 미국을 추격하고, 중국
이 일본을 추격해온다. 중국을 추격하는 것이 인도일지 베트
남일지는 알 수 없지만, 어쨌든 자본주의는 그런 형태로 발전
해간다. 따라서 그 어떤 국가도 10%대의 높은 경제성장률을
지속적으로 유지할 수는 없다.

대략적으로 추세에 입각해 말하자면, 중국 경제는 한국보
다 20년 뒤에 있고, 한국은 일본에 20년 뒤처진, 즉 앞서 논한

것처럼 중국 경제는 일본에 40년 뒤처져 있다. 이 견해를 가장 강력히 뒷받침하는 근거로서의 수치는 투자율을 측량하는 명목 국내총생산 대비 고정자본 형성 비중이다.

일본의 고정자본 형성 비중은 1973년 전후 최대인 36.4%에 달했다. 그 후 인프라 등에 대한 투자 비율이 내려갔다. 한국은 일본보다 약 20년 후인 1991년에야 38%에 도달했다.

일본의 수치가 최대치였던 1973년으로부터 약 40년 후인 2012년 중국의 고정자본 형성 비중은 46.1%에 이르렀다. 고정자본 형성 비중이 국내총생산의 절반 가까이를 점하고, 이 정도로 인프라와 철도 등에 급격히 투자해서 자본을 형성하고 있는 예는 세계적으로도 없다. 이것은 명백히 과잉 설비투자이다.

중국이 생산 설비 과잉 상태인 것은 조강粗鋼 생산량 수치에서 단적으로 드러난다. 중국의 조강 생산량은 2000년부터 일관되게 증가하고 있다. 중국 국내에서 수급 차이는 매년 확대되고, 중국의 조강 생산 능력과 소비량 차이는 2012년 1.9억 톤으로 2005년의 약 2배이다. 이는 일본 조강 생산량 1억 1000만 톤의 2배 정도이다.

예를 들어 최근 자료에서 생산 능력이 9억 7600만 톤 설비이고 현재 생산량이 7억 1700만 톤이라면 과잉 능력이 2억 5900만 톤이다. 이것은 재고가 2억 5900만 톤 있고 그만큼 수

출력輸出力이 있다는 의미이다. 중국이 헐값 판매로 판매 가격을 낮춘다면 일본 철강업은 커다란 손해를 입을 것이다. 철강처럼 크지는 않더라도 시멘트, 유리, 태양광 패널, 자동차 부문에서도 과잉투자가 지적되고 있다.

중국의 자동차 생산 대수는 도매 판매 대수로 2000년 208만 대, 2009년 1000만 대, 2013년 2000만 대였다. 2000년부터 2008년까지 9년에 걸쳐 5배가량 증가했던 것이 2010년부터 2013년까지 4년 만에 1000만 대가 늘어나 2배가량 증가했다. 생산 대수가 급경사를 그리며 늘어나고 있다. 일본의 생산 대수는 일본 국내 전체에서도 500만 대이기 때문에, 엄청난 양이다.

왜 이 정도까지 생산량이 과잉되었는가 하면, 사회주의권에서는 생산량으로 기업을 평가하기 때문에 기업은 점차 증산한다. 이토추Itochu Corporation가 매수한 중국 국유회사에서 종업원들은 재고가 얼마나 쌓이든지 그저 열심히 생산했다. 증산 목표를 달성하면 칭찬받았기 때문이다. 재고는 거저나 다름없는 가격으로 팔아버렸다. 장부에 매각처 회사명과 매상 금액은 적혀 있지만, 입금 내역은 기입되어 있지 않다.

일본에서는 약 40년 전 고정자본 형성 비중이 최고치를 기록한 이후 경제성장률이 절반으로 떨어졌다. 그러나 경제 규모는 팽창했다. 중국도 이제까지의 성장률 10%가 향후 5~6%

정도로 떨어질 것이라 예상된다. 그렇지만 일본과 마찬가지로 중국 경제는 국내총생산 자체가 커졌기 때문에 경제 규모는 여전히 팽창해갈 것이다.

10년 후 중국의 경제 규모가 세계 1위일 것은 틀림없다. 경제는 '성장률'이라는 숫자만으로 평가해서는 안 된다. 고정자본 형성 비중으로 보더라도 한국과 중국은 일본을 추격해오고 있다. 앞으로 중국도 일본의 과거 40년처럼, 경제성장률이 절반으로 떨어져도 '선진국 클럽'의 일인자로서 충분히 경제성장을 이룰 것이다.

단언컨대, 거품이 터진다든지 중국 경제가 파탄하는 상황은 현재의 견지에서는 있을 수 없다.

신흥 국가들이 대단히 높은 경제성장률을 기록하고 있는 것은 모수母數가 작기 때문이다. 조금만 성장하더라도 10%, 20%의 경제성장률이다. 앞으로 아시아 국가들도 일본, 중국과 마찬가지의 경위를 거쳐 나아가게 될 것이다. 현재 인도의 경제성장 속도가 내려가고 있다. 발전하고 있는 브라질 등의 신흥국도 같은 길을 걷게 된다.

### 충칭과 독일을 잇는 국제 화물열차

중국 경제는 이제까지 수출과 인프라 정비를 중심으로 발전해왔는데, 앞으로는 내수를 주축으로 삼고 내수와 인프라 정비로 움직여 나아갈 것이다. 그 기간은 일본보다 길 것이다. 중국 국토는 일본에 비해 압도적으로 넓어, 그만큼 인프라 정비에 오랜 시간이 걸릴 것이기 때문이다.

이를테면 중국은 2015년을 목표로 해서 고속도로 연장(8만 5000km→10만 8000km) 계획을 제기해왔다. 이 계획은 일본의 2009년 단계 총연장 길이(9087km)의 10배 이상에 달한다.

한편 고속철도는 일본이 2388km, 중국은 7334km(2010년 기준)이다. 2010년 '제12차 5개년 계획'에 의하면, 중국은 2015년까지 고속철도를 1만 6000km로 연장할 것이다. 2012년 시점에서 중국 고속철도의 전체 길이는 8951km이다. 이것을 1만 6000km로 연장하기 위해서는 굉장한 기세로 철도를 건설해야만 한다.

충칭과 독일을 잇는 국제 화물열차가 나타났다. 중국에서 실크로드, 중앙아시아 등을 경유해 유럽에 도달하는 '차이나 랜드 브릿지' 국제 화물열차가 새로 등장한 것이다. 충칭에서 생산한 전자 부품 등을 중국의 시안西安과 우루무치를 경유해 카자흐스탄, 러시아, 벨라루스, 폴란드를 거쳐 독일의 뒤셀도르프Düsseldorf로 운반한다. 주행거리는 1만 1179km이다.

충칭에서는 양쯔강長江을 이용한 수운업이 번성했는데, 바다로 나가는 데만 1000km이다. 유럽까지 40일이 소요되며,

물류에 필요한 기간의 정도가 난관이었다. 현재 충칭에서 유럽까지 국제 화물열차로는 10여 일이 걸린다. 저렴하고 신속하게 물건을 운반할 수 있다.

충칭이 일본 기업을 적극 유치한 결과 스즈키SUZUKI가 현지와 제휴해 시내의 택시 생산 등을 도맡고 있는데 방심할 수는 없는 상황이다.

독일 차와 부품은 국제 화물열차로 운반한다. BMW라든지 다임러Daimler라든지 충칭을 중심으로 회사를 만드는 것은 이러한 물류의 편리성에 의한 바가 크다. 그리고 중국과 유럽의 무역이 증가하는 요인 가운데 하나는 이 같은 인프라 정비를 들 수 있다.

일본에서는 '중국경제 비관론'이 끊이지 않는데, 전국인대 국가 예산을 살펴보면 인프라 정비에 국방비의 2배를 투자하고 있다. 중국은 인프라 투자에 더욱 주력할 것이고 이는 무역 진흥으로 이어질 것이다.

**중국은 일본의 경제 발전사로부터 배울 것인가?**

조금 더 일본과 중국의 경제 발전사를 비교해보도록 하자. 지금으로부터 6년 전인 베이징 올림픽 무렵 중국 인민폐RMB 환율은 1달러 기준 7.2위안 전후였다. 2014년 5월 기준으로는 약 6.2위안이다. 위안고元高가 약 15% 진행되었다.

그러나 놀라운 일은 아니다. 일본 경제가 급성장했을 때는 1달러 기준 360엔이 120엔으로 상승했다. 1985년 플라자 합의에서 미국은 대일對日 무역 적자를 해소하기 위해 엔고円高 달러 약세로 유도하도록 '협조 개입'을 도모했다.

위안고가 엔고 정도의 비중이 된다면 수출에 상당한 손실이 발생한다. 위안고가 되면 수입품 가격이 몹시 저렴해져 시장에 거품이 끼는 것은 일본과 같다.

필자는 당 중앙정치국 상무위원 왕치산과 함께 일본과 중국의 경제에 대해 이야기를 나누었던 적이 있다. 그는 1985년 플라자 합의 이래 일본의 엔고를 연구했다.

미국의 압력으로 일본은 맹렬한 엔고가 되었다. 주의하지 않으면 안 된다. 국가의 실력에 맞추어 서서히 위안元을 절상할 필요가 있다. 외압에 의해 일거에 위안고를 해서는 안 된다. 경제는 생물이다. 급히 먹는 약에는 부작용이 따른다. 순한 약을 서서히 먹어가는 것이다.

만약 중국 경제에 일본과 같은 조치가 이루어진다면 8위안이 2~3위안이 되어도 이상하지 않다. 일본은 미국의 압력으로 그 정도의 급격한 엔고를 경험했다. 그것이 거품을 만들어

결국 이후 거품 붕괴와 디플레이션으로 연결되었다.

이렇게 나중에 경제를 분석하는 것은 간단하다. 필자는 당시의 경제정책을 비판하려는 게 아니다. 그렇지만 예를 들어 세계가 비판하더라도 자국의 경제를 지키지 않으면 안 될 때가 있다. 그것이 바로 정치가가 명심해야 할 바이다. 중국이 일본 경제사經濟史에서 배우는 것처럼, 우리가 과거 경제정책에서 배워야 할 것도 많은 게 틀림없다.

## 기득권층을 의식한 경제특구

중국 경제가 발전하는 관건이 될 '국유기업 개혁'은 기득권층의 벽에 가로막혀 생각했던 만큼 발본색원拔本塞源 차원의 개혁은 진행되고 있지 않다는 점을 앞 장에서 논했다.

리커창 총리가 국유기업 개혁책으로 시작했던 것이 상하이 경제특구이다. 2013년 9월 상하이에 외국의 투자와 무역 규제를 대폭 완화하는 '상하이 자유무역시험구'가 설치되었다. 중국 최대의 경제 도시를 실험장으로 삼아 과거 개혁개방 노선을 선도했던 '경제특구' 모델의 재판再版을 노린 시도이다.

중국은 1979년 개혁개방 정책의 중심으로서 광둥성 선전시深圳市와 주하이시珠海市 등 일부를 경제특구로 인정하고 외국자본의 제조업을 유지했다. 그 후 외국자본계 공장의 수출 확대를 경제성장의 엔진으로 삼아 '세계의 공장'으로 올라섰다.

특구에는 인민폐 거래 등의 금융 자유화를 시행할 방침으로, 계속 감속하고 있는 외국자본의 대중對中 투자를 꾀해 경제성장의 원동력으로 삼으려 한다.

전국에 일제히 특구를 만들지 않고, 우선 상하이에서 실험한다. 여기서 성공하면 톈진天津, 광저우廣州, 선전, 주하이 등 각 시와 지방에 차례로 경제특구를 만들어간다.

이것은 기득권층을 의식한 방법이다. 이제까지 단물만 마셔온 인간에게 돌연 '경쟁의 원리'를 강요한다고 결코 잘되지 않는다. 지금 중국의 상황을 고려하면, 상하이 등지에 경제특구를 만들어 서서히 기득권층을 약화시켜 나가는 것이 리커창의 전략이다.

"급히 먹는 약에는 부작용이 따른다. 순한 약을 서서히 먹어가는 것이다."

이 교훈은 여기에도 해당된다.


## 그림자 은행은 위험하지 않은가?

중국 경제를 고려할 때 문제시되는 것이 '그림자 은행shadow banking'이다. 중국 경제의 병근病根이자 붕괴의 근원으로 언급되고 있는데, 과연 어느 정도 신빙성이 있을까?

중국의 대형 은행에서는 대부 기준 금리가 6%, 예입 기준 금리는 3%로 결정되어 있다. 즉, 가만히 두어도 3%는 저축할 수 있다. 따라서 은행은 일부러 리스크risk가 높은 중소기업에 돈을 대출할 필요가 없다. 또한 대부 기준 금리 하한을 0.7배, 즉 4.2% 이하로 해서는 안 된다.

일본의 관점에서는, 부당하게 높은 금리로 대부하는 사람은 있어도 대부 한도치를 싸게 결정하는 일은 없으므로 의아하게 여길지도 모른다. 예입 금리 기준은 3%이고 상한은 1.1배인 3.3%이다. 돈을 모으기 위해 얼마든지 금리를 높여도 좋다는 것은 아니다.

시진핑 체제에 들어와서 리커창은 이 '대부 하한' 철폐를 개정했다. 즉, 얼마든지 싼 금리로 대부해도 좋다는 것이다. 물론 싸게 대부하면 그만큼 은행은 저축하지 못하지만, 금융 경제에 경쟁 원리를 도입한 것은 의미가 있다.

그렇다면 중소기업은 도대체 누구에게 돈을 빌릴 것인가? 중국에서 지방채地方債 발행은 인정되지 않고, 대형 은행은 예금 총액의 70%밖에 대부할 수 없다. 그렇다면 국유기업 등 결코 도산하지 않는 곳에서 대출하는 것이 좋은데, 리스크를 안으면서까지 도산의 위험이 있는 중소기업과 개인기업에 대출할 필요는 없다.

통상적 은행이 아니라 은행에 준하는 사적私的 금융 조직은 중국에 무수히 많다. 그때 중소기업에 돈을 대출하는 곳이 융자평태融資平台(지방정부 산하 자금 조달 회사), 뢰모자강賴母子講(상조 조직), 전당포, 소규모 신탁은행이다. 그리고 이것들을 종합해서 '그림자 은행影子銀行'이라고 부른다.[2]

그림자 은행의 규모는 도대체 어느 정도일까? 호수戸數로는 우선 파악된 전당포 수만 약 6000개이다. 촌村의 상조 조직은 1만 5000~1만 6000개가 있다고 한다.

취급 총액에 대해서는 추측이 다양한데, 필자의 시산試算으로는 10조 위안(160조 엔) 정도이다. 2014년 중국 국내총생산은 대략 1000조 엔으로 예측되기 때문에 그 16%로 잡았다.

그림자 은행은 토지 등의 담보도 취해 대부하고 있다. 빌리는 측이 그 돈으로 공업단지와 맨션 등을 개발해 매각한다면 대부 금리가 높아도 돈을 번다.

담보 가운데 몇 할割 정도는 불량 채권이 될 수도 있다. 전부 불량 채권이 되는 건 아니다. 예를 들어 모두 불량 채권이 되더라도 많게 보아 국내총생산의 20%에 해당하는 정도의 부채가 증가하게 된다.

---

2 중국의 '그림자 은행'에 대해서는 다음을 참고하기 바란다. 장화차오張化橋, 『중국의 거짓말: 그들이 절대 말하지 않는 금융의 진실』, 홍승현 옮김(한국경제신문사, 2014). __옮긴이 주

중국에는 중앙정부와 지방정부의 빚이 있다. 2012년 말 채무 잔고는 중앙정부가 7조 8000억 위안, 지방정부가 22조 2000억 위안으로 합계 약 30조 위안이다. 엔화로 환산하면 약 480조 엔이다. 일본 국내총생산이 2012년에 약 480조 엔이었다. 즉, 일본의 국내총생산 전부가 중국의 채무와 동일한 상황인 셈이다.

발표 주체와 통계 연도에 오차가 있기 때문에 간단히 비교할 수는 없지만 국가와 지방, 그림자 은행의 부채를 더해도 국내총생산에서 차지하는 비중은 선진국들에 비해 아직 대단한 비중percentage은 아니다. 따라서 그림자 은행 때문에 중국 경제가 붕괴하는 일은 없을 것이다.

2010년 말 10.7조 위안이었던 지방 채무는 2년 동안 22.2조 위안으로 2배 증가했고, 향후에도 증가할 것이다. 국가 차금借金은 일본이 국내총생산의 170%(국가·지방 합계로 2013년 국내총생산에서 차지하는 비중은 224%)인 데 비해, 중국은 많아도 20%, 한국도 40%이다. 충분히 버틸 수 있는 비중이다. 그렇기 때문에ᅳ문제가 없다는 것은 아니지만ᅳ그 수치를 토대로 '중국경제 위험설'을 제창하는 것은 잘못이다. 시류에 영합해 객관적 관측을 그르친다면 결국 중화상重火傷을 입고 만다.

예를 들면 중국도 인구 감소 시대에 진입하고 있다고 하지만, 자료로 보는 한 그것은 오류이다. 2012년 발표에 따르면 중국에서는 1년에 1635만 명이 출생하고 966만 명이 사망했다. 자연 증가율은 4.95%이다. 1년에 600만 명 이상이 증가하고 있다.

교육에 경주되는 예산

중국은 향후 자력으로 제품 등을 만들어 내수에 부응하게 될 것이다. 그렇지만 현재는 전자 부품의 40%를 일본에서 수입하는 데 의존하고 있는 것처럼, 제품화에는 일본 기술이 필수 불가결하다.

중국도 일본 기술이 우수하다는 점은 잘 안다. 그래서 그것을 배우려고 한다. 그렇지만 그것은 그렇게 간단한 일이 아니다. 중국은 결국 일본의 기술력을 따라잡는다고 상정하고 있지만, 아마 20년 동안은 일본을 이길 수 없을 것이다.

왜냐하면 노동자 교육의 격차가 절대적이기 때문이다. 필자는 상사商社, 대사大使 시절을 거쳐 중국경제 분야에 장기간 관여하며, 중국 각지의 공장 현장을 자세히 보아왔다. 중국 노동자를 실제로 보면 그들이 공장에서 양질의, 신용할 수 있는 제품을 만들 수 있으리라고 도저히 생각할 수 없다. 그리고 그들을 향후 교육하기란 쉬운 일이 아니라고 여겨진다.

노동자 수가 아무리 많다고 해도 교육을 받지 않은 노동자에게 기술력과 종업원으로서의 모럴moral을 기대할 수는 없다. 저임금이기 때문에 저가치低價値 노동, 저가치이기 때문에 저임금 노동인 것이다. 중간층을 형성하는 농민공을 교육하더라도 일본 노동자와 같은 수준이 되려면 20~30년은 걸릴 것이다.

교육받은 노동자가 없다면 제품에 대해 안심할 수 없고, 제품의 안전이 유지되지 않는다. 제품에 대한 브랜드와 신용이 없는 한, 진정한 경제 발전은 없다.

이 점에 관해 중국은 상당히 의식적으로 국민의 교육 수준을 향상시키고자 애쓰고 있다. 이는 2013년 3월 제12기 전국인대에서 의결된 2013년도 국가 예산을 보면 잘 알 수 있다.

예산이 대규모로 할애된 부분을 보면, 교육비 2조 3035억 위안, 사회보장비 1조 4282억 위안, 농림수산 관계(식량) 1조 3289억 위안, 일반 공공사업비 1조 4282억 위안이다.

이 네 가지 부문을 합쳐 민생 부문이라고 표현한다면, 중국은 국가 예산의 47%, 즉 약 절반을 민생에 사용하고 있다. 이는 국민 생활의 향상을 중심에 둔 정책이라고 말할 수 있다.

그중에서도 교육비가 전체의 17%를 차지한다. 국방비가 406억 위안으로 교육비에 국방비 3배 규모의 자금을 쓰는 셈이다. 현 정권은 앞으로 중국이 발전하려면 국민교육이 불가결하다는 것을 충분히 인식하고 있다. 이 인식을 완전히 얕잡아 볼 수 없다.

## 저하되고 있는 일본의 무역 비율

이런 경제성장을 계속해가고 있는 거대 시장 중국을 이웃으로 둔 일본은 어떻게 대응해야 좋을까?

일본은 '섬나라島國'이다. 바다로 둘러싸여 있는 국토는 동서남북 각각 3000km로 넓은 범위에 미치고, 해안선이 100m 이상인 섬은 약 6800개이다. 영토 면적으로 보았을 때 자급자족이 가능하다고 간주할 수 있는 일본의 인구는 에도江戸 시대 후기 인구인 2500만~3000만 명 선이다. 현재 인구는 당시 4배에 이르며, 물론 에도 시대보다 많은 에너지 자원을 사용한다.

일본이 해양입국海洋立國이며 무역입국인 데는 변함이 없다. 일본은 해외에서 원재료를 구입하고 부가가치를 만들어 해외로 판매하는 형태의 무역을 해왔으며, 앞으로도 그렇게 하지 않으면 안 된다.

무역 비율로 말하자면 일본의 국력은 과거에 비해 현격히 저하되고 있다. 원인 가운데 한 가지는 엔저이다. 엔저 20%이면 명목 국민총생산은 달러 기준으로 20% 감소한다.

중국은 25년 전 0.4조 달러였던 국민총생산이 2012년 8조 달러가 되어 20배 증가했다. 미국이 25년 전 5.1조 달러였던 국민총생산은 현재 16조 달러로 3배 늘었다. 일본은 3조 달러였던 것이 2012년 6조 달러로 2배 증가했다. 세계 전체 기준으로는 18조 달러에서 72조 달러로 4배가 늘었다.

2013년 수치로 중국 국민총생산은 56.9조 위안이다. 1위안 기준 16엔이면 900조 엔이 넘는다. 일본 국민총생산은 480조 엔 정도이며, 중국의 반을 조금 넘는다. 엔을 달러 기준으로 환산하면 1달러에 100엔으로 4.8조 달러이다. 즉, 2012년 6조 달러에서 1조 달러 남짓 감소한 셈이다.

25년 전 미국과 일본의 국내총생산 합계는 달러로 환산해 세계의 45%를 점했으나, 2012년에는 30%(미국 22%, 일본 8% 합계)로 내려갔고, 2013년에는 더욱 감소한다. 미국과 일본의 경제력이 45%에서 30%로 떨어진 데 비해 중국은 12%까지 확대되었다.

일본인은 주식이 상승하면 기뻐하고 있지만, 달러 기준으로 보았을 때 엔저 현상으로 일본의 국력은 저하되고 있다. 2012년 무역 총액은 중국 3.9조 달러, 미국 3.8조 달러, 일본 1.5조 달러였다.

## 차이나 리스크를 판단하는 법

2014년 새해를 맞아 중국에 주재했던 일본 기업 대표자가 필자를 위해 작은 파티를 열어주었다. 참석자는 관료를 포함해 총 21명이었다. 철강, 금융, 화학, 전기기계 등 일본을 대표하는 기업의 중국 담당 대표자들에게 현재 경기 상황을 문의한 결과, 중국과 일본의 관계 악화에서 비롯된 영향이 상당한 것으로 나타났다. 특히 중국 국유기업과의 거래가 지체되고 있다는 것이다.

이제까지 일본과 중국 사이에는 경제, 예술, 문화 차원에서 왕성한 교류가 이루어져왔다. 특히 경제 차원에서 놀라울 정도의 신장세를 보여 40년 전 연간 10억 달러 규모였던 무역액은 현재 3300억 달러로 330배나 증가했다.

중국에 진출하는 일본계 기업은 약 2만 2000개 회사로, 중국 주재 일본인 12만~13만 명이 움직이고 있다. 중국에서 외국자본 가운데 일본계 기업이 가장 많고, 중국 주재 외국인은 한국인 다음으로 일본인이 많다. 일본계 기업에는 현지에 거주하는 중국인이 1000만 명 정도라고 전해진다.

한편 일본에서는 악화되는 중일 관계와 반일 시위를 목전에 두고 '차이나 리스크'에 대한 목소리가 높아지고 있다. 중국에서 철수를 고려하는 기업도 있는 모양이다.

그렇다면 중국을 나와서 어디로 갈 것인가? 비즈니스를 행하기 위해서는 질 높은 노동자와 도로, 철도, 상하수도, 전기 등의 인프라가 필요하다. 지금 중국 외의 아시아 국가에서 이런 환경이 정비된 국가가 얼마나 있을까?

쌀의 고장 미얀마에서 쌀겨기름을 만들자는 아이디어를 냈다고 들었다. 단순히 쌀을 생산하는 비용-cost이 싸다는 것만으로는 이야기가 진전되지 않는다. 예를 들어 쌀을 대량으로 수확하고 정제소에 운반하기 위해서는 대형 농작업 차량과 트랙터가 지나다닐 수 있는 도로가 있어야 한다.

베트남과 미얀마에 투자를 추천하는 의견이 있다. 인구를 보면 라오스 640만 명, 캄보디아 1500만 명, 베트남 9000만 명, 미얀마 6400만 명이다. 중국 14억 명 시장과는 비교가 되지 않는다.

아베 정권이 주력하고 있는 무역 시장은 인도와 아프리카인데, 이 둘은 일본과 거리가 떨어져 있어 무역에 유리하다고 할 수 없다.

일본계 기업이 '차이나 리스크'를 잘 살펴야 하는 것은 당연하지만, 동남아시아 국가들의 리스크 또한 계산하지 않으면 안 된다. 차이나 리스크와 마찬가지로 '베트남 리스크'와 '미얀마 리스크' 등 리스크는 어느 국가에도 모두 존재한다.

확실히 중국보다 다른 개발도상국과 사업하는 쪽이 경제

적으로 합리성이 높은 업계도 있다. 섬유 산업에 진출한 일부 일본계 기업은 중국에서 방글라데시와 파키스탄으로 생산 거점을 이동했다.

그러나 모든 산업이 차례차례 다른 도상국으로 옮겨 가는 게 좋은가 하면 그렇지 않다. 철강 같은 중공업이나 IT 산업 같은 제3차 산업에서는 지식과 판단력을 갖춘 노동자의 확보가 필수이다. 교육에 드는 시간은 최저로 잡아도 2, 3년이다.

다양한 요소를 고려하고 중국과 비교 검토해야 한다. 기회를 살피는 데 기민한 경영자는 중국발發 비즈니스를 가속화하고 있다. 중국은 위험하다고 하는 풍조風潮에 좌우되어 투자를 판단하는 것만으로도 리스크를 수반한다.

기업 경영자에게는 미디어 등의 정보에 의존하지 않고, 중국 현장에 직접 찾아가는 것을 추천한다. 진정 그렇게 위험한 국가인가, 아니면 비즈니스에 유리한 국가인가? 도시뿐만 아니라 실제 진출하고자 하는 지역을 걸으며, 경영자 스스로의 오감五感으로 판단해야 한다.

## 2015년까지 찾아오게 될 금융기관의 기회

비즈니스 습관과 문화 차이 때문에 중국에서 사업하기 어렵다는 한탄을 흔히 듣는다. 일본과 중국의 문화가 다른 것은 확실하다.

중국인은 실리를 우선시한다. 100엔짜리 물품이 있으면 일본인은 판매 가격을 기껏해야 150엔 정도로 설정할 것이다. 그러나 중국인은 10배 바가지를 씌워 1000엔이라고 말한다. 물론 그들도 그렇게 해서 팔릴 것이라고는 생각하지 않는다. 손님이 500엔으로 값을 깎으면 그렇게 싸게는 안 된다고 하면서 마지못해 400엔을 제시하고 판다. 일본인은 원래 가격이 알려지면 신용을 잃는다고 생각하지만, 중국인은 이익은 신용에서 나오는 것이 아니라고 여긴다. 속는 쪽이 나쁘다는 발상이다.

로마에 가면 로마법을 따르라고 한다. 이웃집에 놀러가서 동일한 기준을 적용하라고 말하는 것 자체가 무리이다. 중국 문화에 따라 잘 적응하는 방법을 고려할 수밖에 없다.

경영자로서 시도할 수 있는 방법은 중국 사정에 능통한 현지인을 채용하고 중국인 노동자를 관리하게 하는 것이다. 경영자는 결단하고 설명한 다음 지시한다. 따르지 않는다면 그만두게 할 수밖에 없다.

중국에는 가족 경영을 포함해 4000만 개나 되는 기업이 있다고 한다. 하지만 실제 등록된 기업은 1400만 개 정도이다. 당연히 옥석이 섞여 있다. 중국 기업 경영자와 만나서 조금이라도 수상쩍은 점을 느꼈다면 판단을 보류한다. 이중장부를 기재하고 있을지도, 지방정부와 유착하고 있을지도 모른다.

실제로 일본 기업이 한 중국 기업을 매수한 이후 지방정부로부터 중국 기업이 지불하지 않았던 세금을 독촉받아 곤경에 처한 사례가 있다. 중국에서는 사람을 살피는 눈에 철저히 신경 쓰지 않으면 안 된다.

중국에 새롭게 진출하는 일본 기업은 현지 기업과 손을 잡거나 거래하면서 비즈니스를 추진하는데, 그때 중국에 장기간 거주한 사람의 목소리를 듣는 것이 중요하다. 구체적으로 중국 은행과 대사관 등에 자신이 고려하고 있는 비즈니스에 대해 말하고 조언을 얻는다.

중국 어디에서 비즈니스를 할지도 중요하다. 식량 관련 비즈니스를 할 것이라면 중국의 '식 보고食寶庫'로 일컬어지는 동북 3성(랴오닝성, 지린성, 헤이룽장성黑龍江省)이다. 철강 관련 비즈니스라면 석탄 등 원재료 산지에 가까운 산시성山西省이다. 섬유 산업과 식품 가공업은 대도시 가까운 쪽에 자리 잡아야 질 높은 노동자를 확보하기 용이하다. 현지의 지혜를 빌리면서 판단하는 것이다.

제12차 5개년 계획(2010~2015년)에서 중국 정부는 금융제도 개혁에 힘쓰고 은행·보험·증권 규제를 완화하고 있다. 일본 금융기관도 중국에 진출할 기회를 얻을 수 있다. 중소기업은 결속력이 강한 중소 규모의 증권회사나 지방 은행 등과 손을 잡고 정보를 교환하면서 중국 진출을 고려하는 것도 좋다.

중국어를 할 수 있는 사원이 있다고 해도 1개 회사로 단독 사업을 하는 것은 위험하다. 필자가 근무했던 이토추가 중국에서 잘 해올 수 있던 이유는, 자기 홀로 하지 않은 데 있다. 필자는 중국에 진출하는 중소기업 경영자에게 항상 다음과 같이 말한다.

스스로 이익을 독점하는 것이 아니라 중국인과 함께 일하는 것이다. 맛있는 것을 전부 자신이 먹고자 한다면 배탈이 난다. 중국인과 함께 사업을 일으킨다면 그들도 자신의 회사를 공격하는 일은 없을 것이다.

미국인이 일본에 와서 미국인으로만 회사를 만들어 잘된 선례가 있는가? 그것과 마찬가지로 중국에 들어가서 일본인으로만 하려고 생각해서는 안 된다. 세제税制부터 문화까지 모든 것이 일본의 그것과 다르기 때문이다.

상대와 교제할 때 유의해야 할 것은 우선 상대를 속이지 않는 것이다. 대등하게 교제하고 신뢰할 수 있는 관계를 구축한다. 그것은 경제에 국한되지 않으며, 정치 세계에서도 마찬가지이다.

제3장 · · · · · · · · · · · · · · · · · · · · · · · · · · · · · · · ·

# 지방이라는 문제

### 중국 전역을 직접 시찰

앞 장에서 해외 진출을 고려하고 있는 기업 경영자에게 우선 현장을 스스로 돌아볼 것을 추천했는데, 필자가 대사 시절 중시했던 것도 중국 지방을 스스로 걷고, 보는 것이었다.

2010년 11월부터 2012년 8월까지 총 24회에 걸쳐 톈진시, 허베이성(탕산시唐山市)을 시작으로 장쑤성, 윈난성, 지린성, 하이난성海南省 등 1급 행정구(성·자치구 27개와 직할시 4개, 특별행정구 2개) 33개 가운데 27개 지구地區를 차례로 방문해 최고 책임자와 만났다.

신장 위구르(웨이우얼) 자치구와 티베트 자치구, 내몽골(네이멍구) 자치구, 닝샤寧夏 회(후이)족 자치구, 광시廣西 장(좡)족 자치

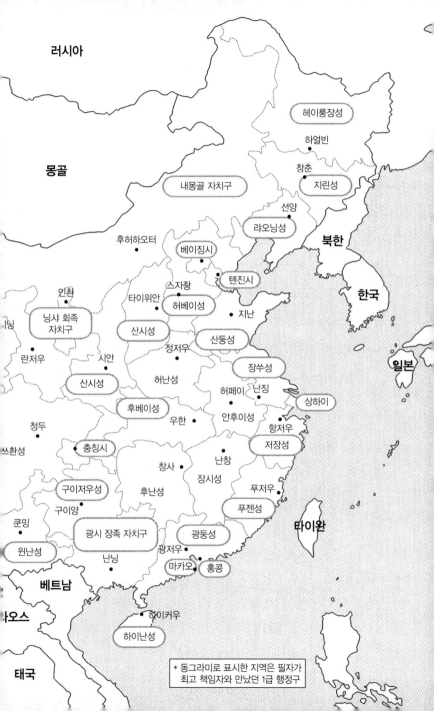

구 등 소수민족이 거주하는 지역에도 나갔다. 그 누구도 만나지 않았던 여행까지 포함한다면 더욱 많다.

베이징의 각국 대사 가운데 필자가 가장 많이 중국을 돌아다녔을 것이다. 일본인 역대 대사 가운데 필자만큼 많은 행정구에서 지방의 수장首長과 이야기를 주고받고 현장을 시찰한 중국 대사는 없을 것이다.

필자가 중국 각지를 종횡무진한 데는 이유가 있다. 물론 현재 상태를 시찰함과 동시에, 일본과 중국 사이의 거리를 더욱 가깝게 만들기 위한 중일 우호를 추진한 것이다.

구체적으로 1972년 중일 공동성명 40주년을 맞이하는 2012년을 기념하고자 600개에 달하는 사업을 계획했는데, 이를 각 지방의 수장인 서기들과 만나서 추진했다. 그 당시 지방의 대표였던 보시라이 외에, 현재 중앙정치국 위원이 된 왕양, 쑨정차이, 후춘화 등과도 회담했다.

중일 양국의 우호 자매도시 제휴 수는 현재 약 380건을 넘어섰고, 지방급 교류를 후원하고 있다. 특히 양국 간의 청소년 교류는 중요하다.

"당신의 도시와 일본의 지방 도시는 자매도시 관계이다. 40주년을 기념해 교류 사업을 해보지 않겠는가?"라고 제안하면 모두 빠짐없이 찬성했다. 아직 센카쿠 문제가 크게 부상하기 전의 일이다.

필자가 각지를 돌아다닐 때는 반드시 일본 경제인과 동행했다. 평균 10명 정도였다고 할 수 있다. 중국 정부의 수장을 소개하고 양국의 경제 교류를 촉진하고 싶다고 생각했다.

각 지방의 대학도 구경하며 돌아다녔다. 중국 청년들이 어떤 교육을 받고 있는지 알고 싶었기 때문이다. 대학에서 강연회를 개최하고 일본어 학교의 학생, 교사 등과도 의논했다. 대학 토론회에 출석한 학생들에게는 일본을 더욱 잘 이해줄 것을 기대하며, 그들이 희망하는 서적 등을 선물로 주었다.

중국에는 일본의 총인구에 필적할 정도의 소수민족이 있다. 그들과의 친교는 진정한 중일 관계의 강화로 연결된다. 이를 위해서는 현장에 찾아가 보지 않으면 알 수 없는 것이 많다. 티베트와 위구르, 몽골 사람들은 어떤 민족이며, 어떤 방식으로 살고 있는가?

소수민족이 사는 지역을 방문한 이야기는 다음 장에서 상세히 소개한다. 실은 우리와 별로 다르지 않은 지역도 있다. '소수민족'이라고 하는 용어의 이미지와는 다르게, 그들은 일본 이상으로 훌륭한 빌딩에서 일하고 있고, 소수민족 거주지에는 일본의 몇 배나 되는 넓이의 도로에 차가 끊임없이 다니고 있다. 백문百聞이 불여일견不如一見이다. 실제로 살펴보면 인상이 상당히 바뀐다.

중국은 대단히 광대하다. 필자는 조기早期부터 열차와 비행기에 뛰어 올라타 몇 시간, 장소에 따라서는 며칠에 걸쳐 현지로 갔다. 열차와 비행기는 자주 지연되었다.

일본 정부는 필자가 중국의 지방과 벽지에 가는 것을 유쾌히 여기지는 않았을 것이다. 필자의 생각은 때로 곡해되었을 뿐만 아니라 "중국의 이곳저곳을 돌아다니면서 친중 성향의 말만 한다"라고 비판도 당했다.

그 좁은 소견에 암담할 따름이었으나, 중국을 제대로 이해하기 위해서는 직접 만나고 얼굴을 마주한 채 말하지 않으면 안 된다. 이에 대한 생각에는 변함이 없다.

**지방 서기의 인사를 통해 5년, 10년 후를 내다본다**

지방에 갈 때, 필자는 각 성省의 정치 최고 책임자인 서기와 만나기로 결의했다.

중국에서 지방 행정은 중앙집권 체제 아래에 있고, 중앙정부를 정점으로 하는 상의하달식 명령 계통에 속해 있다. 중앙 아래에는 일본의 도도부현都道府縣에 해당하는 33개의 성, 자치구, 직할시가 있다. 이 행정 수장인 성장省長, 자치구 주석, 직할시 시장은 중앙정부가, 그리고 당 위원회 서기는 당 중앙위원회가 임명한다. 성省, 자치구 아래에는 현縣, 시市 행정이 있고, 중앙정부는 지방 행정을 직간접적으로 지휘·감독하고 있다.

중국은 관료 제도가 철저하기 때문에 당 위원회 서기의 권한은 절대적이다. 우리는 서기를 통해 희망하는 시찰 장소를 방문할 수 있었다.

그러나 지방의 수장인 서기를 면담하는 것은 그렇게 쉬운 일이 아니다. 통상 외국 대사가 중국 지방을 방문했을 때 상대 접견인counterpart 역할은 이인자인 성장이나 자치구 주석이 맡는다.

필자가 충칭에 갔을 때 보시라이를 두 차례 만났다. 미국 공화당 대통령 후보가 된 요인으로부터 "보시라이가 만나주지 않는다. 어떻게 당신은 두 차례나 만난 것인가?"라는 말을 들은 적도 있다.

필자도 서기와 면담하기 위해 이런저런 술수를 활용했다. 동일본 대지진 이후인 2012년 5월, 당시 총리였던 원자바오가 일본을 방문했다. 귀국 배웅을 갔던 필자는 원자바오로부터 "괜찮다면 특별기로 함께 베이징으로 돌아가지 않겠는가"라는 반쯤 농담인 제안을 받았다. "산둥성山東省에 들러 서기와 만날 약속이 있다"라고 말하며 거절했는데, 그 이후 면담을 예약했던 산둥성 서기로부터 "용무가 있어 만날 수 없게 되었다"라고 연락이 왔다. 바로 전보를 보내 "당신과 만날 약속이 있다고 원자바오에게 고했다"라고 독촉했더니 1시간이

지나 "어떻게든 변통하겠다"라고 회신이 왔고 산둥성에서 대환영을 받았다. 필자는 관료 사회의 절대적 상하 관계를 이용했던 것이다.

지방 서기는 유력한 출세 코스이기도 하다. 지방에는 소수민족 문제를 위시해 중앙정부에서 간과할 수 없는 안건이 있다. 중요한 지역의 서기에 우수한 인재를 파견하고 거기에서 지방을 잘 다스릴 경우 중앙정치국 위원으로 등용한다. 각각 지방에서 혹독한 경험을 축적했기 때문에 정치적 수완이 확실한 실력파라고 할 수 있다.

이를테면 후진타오 전임 국가주석은 티베트 자치구 서기였다. 지금 국가주석인 시진핑은 저장성, 리커창은 허난성河南省, 왕치산은 하이난성, 장더장은 광둥성에서 각각 서기를 지냈다.

중앙정부는 지방에 어느 정도 자주성을 인정하지 않을 수 없다. 이렇게 말하는 배경에는, 지방에는 유력한 국유기업이 있을 뿐만 아니라 소수민족 문제도 있다는 것을 염두에 두어야 한다. 또한 국민을 직접 접하는 자는 베이징의 정치가가 아니라 지방의 정치가이다. 그만큼 지방의 권한은 강하다.

제1장에서 언급했던 바와 같이, 2013년 11월 3중전회에서 시진핑이 국유기업 개혁을 마음껏 하지 못했던 것도 이러한 지방 서기의 저항 때문일 것이다. 그래서 시진핑은 5년 후 서기가 될 수 있는 인재를 지방에 파견해 육성하고 있다.

거꾸로 말해 지방의 인사를 살펴보면 '이 사람은 시진핑의 인사로, 언젠가 중앙으로 올라가겠구나'라는 것을 알 수 있다. 이들이 서기가 되고, 중앙으로 올라가는 5년 후 즈음부터 시진핑은 자신의 뜻대로 인사와 정책을 시작할 수 있다. 이와 같은 사항은 중앙의 인사를 보는 것만으로는 알 수 없다.

각 성마다 수장인 서기를 만나서 말을 나누어보면, 역시 대단한 인물이 많다.

필자가 대사로 중국에 부임했을 때, 최초로 환영회를 열어준 이는 중국공산주의청년단의 수장인 제1서기 루하오陸昊였다. 그는 35세에 베이징시 부시장으로 발탁되어 직할시 부시장 최연소 기록을 갈아 치운 초超엘리트이며, 현재는 헤이룽장성의 성장이다.

그는 5년 후 지방 서기에 취임하고, 30년간 정치의 중추에서 활약할 것이다. 25년 후 최고 지도자가 되는 게 아닌가 하는 하마평下馬評이 있을 만큼 일재逸才이다. 이런 인물이 가까운 장래에 시진핑의 수족으로 움직이게 된다.

중국을 볼 때, 현시점뿐만 아니라 5년, 10년에 걸쳐 겹눈으로 살필 필요가 있다. 또한 중국의 지리를 시야에 넣고 지방의 움직임에 신경 써야만 한다. 그리고 그 토지의 문화와 역사를 알아야 한다. 그것도 정보로서 머리에 넣는 것뿐만 아니라, 실제로 현지에 가서 사람들과 직접 대면하며 말을 나누고

체감해야 한다.

## 시장을 통해서 알 수 있는 서민 생활

지방을 방문할 때는 바쁜 일정 와중에도 시간을 내서 현지의 시장을 들여다보려 했다. 서민의 생생한 삶을 알 수 있기 때문이다.

필자의 현장주의는 상사맨 시대의 버릇으로, 미국에서도 혼자 곡창 지대를 돌아다녔다. 중국에 출장했을 때는 이른 아침 조깅을 하며 거리의 이곳저곳을 다녔다. 추후 "혼자서는 위험하다"라고 주의를 받았다.

중국 대사로 신장 위구르와 티베트 등 소수민족 자치구를 방문했을 때는 호위가 붙어서 좀처럼 자유롭게 행동할 수 없었다. 그럼에도 가능한 한 현지 중국인에게 직접 말을 걸려고 했다.

시장에서 야채를 팔고 있는 노인에게 "경기가 어떤가?", "무엇이 팔리는가?", "돼지고기는 비싼가?" 등을 질문한다. 마음에 드는 물건이 있으면 막과자라도 조금 사본다. 그것만으로도 대체로 그들 생활의 감촉을 잡는 것 같은 기분이다.

"일본인을 어떻게 생각하는가?", "일본인은 만나본 적이 없다." 이런 대화도 나눈다.

우선 확인하는 것은 물가이다. 중국 정부의 발표를 그대로 받아들이지 않고 실제 물가는 안정되어 있는지 확인한다.

중국 외교부는 이러한 외국인의 '서민 생활' 시찰을 혐오하며, 그 대신 상류 가정을 소개하려고 한다. 하지만 필자는 일반인이 현실의 어떤 곳에서 살고 어떤 식으로 쇼핑하는지 알고 싶다. 시장에서도 슈퍼에서도 "조금 보여 달라" 하고 말하고 중국이 보여주고 싶어 하지 않는 것 같은 2층과 가게 뒤를 들여다보러 갔다.

지역에 따라 소수민족이 운영하는 시장이 있다. 항저우杭州에는 아랍 민족의 시장이 있었다. 베이징에도 이슬람계 거리가 있다. 관광객을 대상으로 하는 깨끗한 곳도 있는 반면 범죄자가 도망쳐 들어와도 이상하지 않을 정도의 수상한 곳도 있다.

시장의 먹거리는 싸다. 또한 그 지역의 특산물과 문화를 알 수 있다. 훌륭한 요리점에서 먹는 것보다는 훨씬 재미있다. 헤이룽장성에 갔을 때는 시골 도로변에서 점심 식사를 했다. 이런 일들을 반복하면 '이 지역 사람들은 대체로 이곳에서 식사를 하고 있구나'라는 감이 온다.

구이저우성貴州省에 갔을 때 명明나라 시대부터 수백 년 동안 계속되고 있는 시장에 갔다. 이제껏 본 적이 없는 두부처럼 생긴 붉은 덩어리를 발견했다. 값은 비쌌지만 진귀하다고 해서 사왔다. 공저公邸 요리인에게 건넸더니 "이런 걸 일본인이 먹을 수 있을 리가 없다"라는 답이 돌아왔다. 어떤 동물의 핏덩어리라는 것이다.

## 3단 침대, 15명이 거주하는 방

중국인의 생활에도 최상부터 최하까지 여러 단계가 있다. 고급 맨션에 사는 관료도 있지만, 대다수는 시골에 양친을 남겨두고 타관 벌이를 위해 도회로 나온 딸과 아들이다. 이른바 농민공이다.

농민공 대다수는 한 달에 총 2000위안(약 3만 2000엔) 정도를 손에 넣고, 그중 4분의 1을 시골의 양친에게 보낸다. 지방에서 한 달 500위안(약 8000엔)이면 큰돈이다. 생활 보장비를 더한다면 충분히 먹고살 수 있는 금액이다. 본인은 남은 1500위안으로 한 달을 보내야만 한다.

시급은 5~6위안이다. 하루 8시간 일해서 40~50위안이다. 아침 식사 5위안, 점심 식사 5~6위안, 저녁 식사 15~20위안으로 하루 남는 돈은 20위안 정도라고 할 수 있을까? 자신만의 방을 빌릴 여유는 도저히 없다. 잠시 숨을 돌리려 영화를 보러 갈 만한 정도일까? 이러한 생활을 하는 사람이 압도적으로 많다.

다소 이전의 일이지만 지린성에 출장 갔을 때, 농민공 거주지를 본 적이 있다. 침대차 같은 3단 침대가 포개진, 숨 막히게 좁은 방에 약 15명이 거주하고 있었다. 물론 샤워실도 화장실도 공동 사용이다.

한 달에 3000~3500위안을 받는 중국인은 중류中流이다. 식대는 일본보다 압도적으로 싸다. 이것으로 일반 중국인의 생활을 짐작할 수 있다. 보통 일본인의 생활 수준과는 비교할 수 없을 정도로 가난하다.

최빈층은 전후 일본을 떠올려보면 좋을 것이다. 전후 주일 미군은 높은 급료를 받으며 대저택에 거주했는데, 당시 일본인과 미국인의 관계가 현재 현지 일본인과 중국인의 관계라고 할 수 있다.

일본인이 많이 거주하는 곳에는 고급 레스토랑과 일본식 요리점 외에 외국 대사관과 주재원을 대상으로 하는 백화점, 슈퍼, 시장이 있다. 그곳은 일본 슈퍼와 별로 다르지 않다. 일본인 주재원은 보통 점심 식사에 50~100위안을 쓴다.

중국인 관료의 급료는, 젊은 사람이라면 보통 3000~4000위안이다. 관료에서도 과장급은 5000~7000위안이다. 그런 만큼 퇴직할 때 퇴직금 대신 집 2채를 싸게 수중에 넣을 수 있었다고 하는 이득이 있다. 교제비를 사용해 접대하거나 사치스러운 음식을 먹을 수 있는 것도 관료의 특권일 것이다.

그런데 지방을 방문할 때는 배려하지 않으면 안 되는 매너가 있다.

중국에서 일본인 노동자의 급료는 일반적으로 높다. 눈에 띄게 행동하면 반일 감정을 초래할 가능성이 있다. 함부로 떠들어대면 반감과 질투를 유발할 수 있다. 이는 시대와 장소가 변하더라도 들어맞는 말일 것이다.

서기에게 초대라도 받으면 마중 나오는 것부터가 다르다. 예를 들면 충칭의 보시라이를 만났을 때 국빈 대우를 받았다. 고속도로 출입구가 봉쇄되었고 비행장에서부터 시내까지 일장기가 게양되었으며 공용차는 멈추지 않고 시내로 향했다.

패트롤카가 선도하는 특별 대우를 받았고 보안상의 이유로 일류 호텔에 묵었다. 식사와 환송도 마찬가지였다.

일본 대사 일행이 고급 요리점에서 요란하게 떠들어대면 현지인은 유쾌하지 않을 것이다. 일상생활에 헐떡이는 현지인의 반감을 초래하지 않도록 크게 배려하지 않으면 안 되는 것이다.

필자는 패전 직후 미국 진주군進駐軍에게 "기브 미 초콜릿Give me chocolate"이라고 외쳤던 세대이기 때문에, 지금 중국인의 기분을 비교적 알고 있다고 생각한다. 그러나 젊은 세대는 그렇지 않다.

"조용히 해 달라. 모두 이곳을 보고 있다"라고 하는 장면도 있었다. 상대의 감정과 감각을 소중히 하는 것은 외국 땅에 들어갔을 때 당연한 예의이다.

"일본인의 얼굴 따위 보고 싶지도 않다"라고 하는 중국인 이 있을지도 모르겠지만, 필자는 그런 일을 당해본 적은 없 다. 중국인은 일본을 알지 못하는데, 일본인도 중국을 알지 못한다. 특히 젊은 사람들은 선행 학습한 이미지에 따라 '중 국? 불쌍하다'라는 인식에 아직 머물러 있는 게 아닐까?

미디어 정보에만 의지해 중국이라는 국가를 파악하면 어 떻게 해도 치우칠 수밖에 없다. 일본인은 부디 스스로 현지에 가서 보았으면 한다. 지금은 비행기 가격도 싸다. 관광지도 좋지만 보통 거리로까지 발을 넓혀서 슈퍼와 시장을 들여다 보았으면 한다. 나와서 교류해보면 중국인의 생활이 자기 나 름대로 손에 잡힐 것이다.

### 잔류 고아와 양부모의 인연

필자는 지방에 갈 때마다 전쟁 때문에 잔류 고아로 중국에 남겨진 일본인을 대사관 루트를 통해 조사하고 가능한 한 만 나고자 했다. 그리고 그 중국인 양부모와 친척 분들이 만약 살아 있다면 대사의 이름으로 감사장을 증정해왔다.

종전 무렵에는 아들 세대였지만 잔류 고아의 현재 연령은

70세 이상이며 차례로 사망하고 있다. 그들의 양부모는 그보다 한 세대 높기 때문에 이미 거의 타계했다.

중국인이 키운 일본인 고아는 전혀 일본 말을 하지 못한다. 이들 가운데 대다수는 고아가 된 이래 일본인과 만난 적이 없다. '내 진짜 부모는 누구일까'에 대한 궁금증은 여전하지만 진짜 부모를 알 수 없고, 그들이 살아 있는지의 여부도 명확하지 않다.

그들에게 괴로운 일은 아주 많았을 것이다. 일본인이라는 이유로 차별받고 괴롭힘을 당했을 것이다. 그렇지만 그들은 그런 일을 일절 입에 담지 않는다. 말한다고 해도 어쩔 도리가 없다고 생각하는 것일까, 아니면 괴로웠던 일을 잊고자 하는 것일까?

양부모에게 학대당했다는 말도 들리지 않는다. "정말로 감사할 뿐이다"라고 반복할 뿐이다. 실제로 훌륭한 교육을 받았다. 일류 대학을 나와서 현재 회사의 고문과 상담 역을 하고 있는 분도 있다. 따라서 그들은 한결같이 중국에 대한 자부심이 대단히 강하다.

만약 일본이 중국 입장이었다면 일본인은 중국인 전재戰災고아를 잘 길렀을까? 이민족異民族의 아이를 양자로 맞아서 자신의 아들과 마찬가지로 사랑했을까? 필자는 불가능하다고 생각했다. 이것은 문화 차이일지도 모른다. 필자의 미국인 친구도 아이 5명이 있는데 "우리에게는 아직 여유가 있다"라고 하면서 흑인 양자를 맡아 기르고 있다. 일본인에게는 좀처럼 불가능한 일이 아닐까?

최근에는 잔류 고아였던 분이 때때로 일본에 오고 있다. 그렇지만 70세 이상인 사람 가운데 일본으로 돌아가고 싶다고 하는 사람은 없다. 대다수가 일본인과 만난 적이 없기 때문에, 일본인에 대한 이미지는 중국인과 마찬가지로 여전히 군인의 모습일 것이다.

그들은 이미 중국에 생활 기반이 있다. 또한 그의 자식들이 부모를 소중히 잘 돌보아 드리고 있다. 자식과 손자가 자동차로 대사관까지 배웅하고 마중 나오는 일도 있다.

공저에서는 베이징 주변의 전재 고아를 초대해 1년에 한 차례는 식사 자리를 마련했다. "양부모가 만약 살아 있다면 부디 함께 와 달라" 하고 전했다.

양부모에 감사장을 건네면 모두 눈물을 흘렸다. 90세가 다 된 양모에게 감사장을 건넸을 때, 70세에 가까운 일본인 아들은 감격해서 어머니를 큰 목소리를 외치며 울었다. 역시 실제 양친보다 길러낸 양친이라는 것을 느꼈다. 필자의 가슴도 뜨거워졌다.

잔류 고아였던 분들은 일본에 의해 버림받았다는 기분으로 생활해왔다. 우리와 만나기만 해도 "결국 내가 일본인이라는 것을 자각했다"라고 기뻐했다.

오히려 일본은 국가로서 그들의 사정을 충분히 돌봐주고 있다고 말할 수 없다. 감사장도 일본 외무성外務省(외교부)과는 전혀 관계가 없고 대사의 이름으로 나왔다. 예산이 할애되지 않기 때문에 이쪽에서 건넨 것은 사진 액자 정도였다.

일본인 가운데에는 '중국인은 거짓말쟁이'라고 생각하는 이가 있을지도 모르지만, 중국인이 모두 나쁘다고 생각해서는 안 된다. 나쁜 사람이 있다면 좋은 사람도 있다. 그것은 일본인도 마찬가지이다. 그리고 훌륭한 중국인은 일본인과 마찬가지로 훌륭하다.

### 팡정현의 일본인 묘지

헤이룽장성의 하얼빈에서 남동쪽으로 약 175km, 자동차로 3시간 정도 장소에 팡정현方正縣이 있다. 이 거리가 유명해진 것은 전쟁 피해국이었던 정부가 가해국 거류민의 사망자를 위해 공동묘지를 만들었기 때문이다. 세계적으로도 드문 사례이다.

팡정현에는 과거 일본의 만주개척단満洲開拓團 본부가 있다. 이곳은 패전 시 그 일대의 일본인 이민移民이 귀환할 때 종결되었던 장소였다. 국경을 넘어 몰려들던 참전 소련군으로부터 도망가는 도중에 기아와 추위, 감염증 확대로 많은 일본인이 사망했다. 집단 자살도 있었다.

1960년대 교외 파오타이산砲台山 기슭에서 유골이 대량으로 발견되었다. 중국 당국은 당시 저우언라이周恩來 총리의 지도 아래 주위에 흩어져 있던 7000구에 달하는 유골을 수집하고, 일본인 공동묘지를 만들어 매장했다.

필자는 중국 이임離任 전에 "부디 묘지에 가서 참배하고 싶다"라고 중국 정부에 전했으나, "지금은 신체 안전을 위해 가지 않는 편이 좋다. 신변 경호에 대해 우리도 책임질 수 없다"라는 경고를 받았다. 센카쿠 문제로 중일 관계가 악화되었을 무렵이었는데, 반일 감정이 팽배한 상태에서 일본 대사가 오는 것을 알면 무슨 일이 있을지 알 수 없다는 것이었다.

그러나 전쟁으로 목숨을 잃은 일본인 묘에 꽃을 봉헌하지 않고 귀국할 수는 없었다. 그렇게 되면 내 마음이 진정되지 않을 것이었다. 필자는 중국 관련자에게 전했다.

"이 방문은 최종적으로 나 개인의 책임으로 가는 것이다. 일본국을 대표하는 대사의 신분으로 무슨 일이 벌어지면 중국의 책임이 되고 당신의 문제일 것이다. 따라서 당신은 듣지 않았다고 하면 된다. 나도 말하지 않았던 것으로 하겠다."

필자는 항공에서 자동차까지 모두 스스로 처리해 그 누구에게도 알리지 않고 비서 1명을 동반한 채, 광정현으로 향했

팡정현 일본인 묘지에서 참배하는 필자

다. 2012년 말 겨울, 귀국하기 10일 정도 전의 일이었다. 눈
이 내려 도로가 얼어붙었고 자동차 충돌로 대규모 정체 현상
이 발생했으나 현지로 자동차를 달렸다.

공동묘지는 '중일우호원림中日友好園林'이라고 이름 붙여진 공
원의 부지 내에 있었는데, 거기에서 열쇠로 열어주지 않으면
들어갈 수 없다. 묘를 지키는 담당자가 우리를 기다리고 있었
다. '팡정지구 일본인 공묘方正地區日本人公墓'라고 새겨진 훌륭한
묘에 꽃을 바쳤다.

일본인은 철수할 때 이곳에 집결했을 뿐 현지 중국인에게
피해를 입히지 않았다. 그래서 현지에서는 일본인을 대단히

가깝게 느끼고 있는 듯했다.

### 팡정현 일본인 묘지에서

팡정현에는 잔류 고아로 남은 일본인도 있고, 도호쿠東北에 있는 자신의 실제 양친과 친척을 만난 이도 있다. 중국인도 함께 일본에 가서 일본인과 결혼해 양국 간 일가가 된 가족도 있다. 중국 팡정현과 일본 도호쿠 지방 간에 훈훈한 교류가 계속되고 있다. 팡정현은 중일 우호의 거점 가운데 하나라고 할 수 있다.

돌아가는 길은 눈으로 미끄러진 트럭이 이곳저곳에서 충돌해 도로가 차단되어버렸기 때문에 6시간 정도 걸렸다. 그렇지만 갈 수 있어서 좋았다. 만약 가지 않았다면 일생의 미련으로 남았을 것이다.

팡정현 공동묘지에 대해 알고 있는 일본인은 얼마나 있을까? 일본에는 '난징대학살南京大虐殺 기념관'만 소개되고 있지만, 중국 지방에는 그와 같은 중일 간 전쟁의 기록이 이곳저곳에 남겨져 있다. 현지를 방문해 처음으로 알게 된 것도 있다.

필자는 대사로 부임했을 때 '중국대사관 개혁위원회'를 세우고 제도 몇 가지를 개혁하는 데 손을 댔는데, 그중 대사관 직원의 중국 국내 출장에 대한 '실질적인 금지 조항'을 대폭 완화한 것이 포함되어 있다.

여기서 핵심은 '실질'이다. 대사관에 형식상 국내 출장이 가능한 제도는 있지만 가장 중요한 출장비는 보장되어 있지 않았다. 이래서는 실제로 금지되어 있는 것과 마찬가지였다. 관료는 회계검사원會計檢査院의 확인을 두려워해 속수무책인 상태였다. 따라서 필자가 개혁에 착수했던 것이다.

이제까지 논해왔던 것처럼 필자는 철저한 현장주의형 인간이다. 대사관에는 "국내 각지에 출장해 정보를 조사하라. 신문 정보에만 의존하지 말고 현장으로 가라" 하고 지시했다.

중국 신문은 어디까지나 2차 정보이다. 또한 중국 당국이 언론을 통제하고 있기 때문에 잘못되거나 왜곡되거나 은폐된 정보가 많다. 필자는 본인의 눈으로 보고 귀로 듣지 않은 중국 정보는 신용하지 않는다. 필자 자신은 대사로서의 사명감에 입각해 어쨌든 현장에 가서 확실하게 보는 것을 취지로 삼았다.

직원들은 출장비가 없기 때문에 움직이지 않는다고 한다. 식사대는 자기 돈으로 내므로 교통비와 숙박비만 부담해야 한다면 큰 금액은 아니다. 한편 일본에서는 어느 정도로 세금이 낭비되고 있는가? 외무성과 담판했지만 "예산이 없다"라는 말만 할 뿐이었다. 이렇다면 대사관원大使館員은 무엇을 위해 중국에 있는지 알 수 없다. 국가를 위해 아무 역할도 할 수 없는 것이다. 이것이 일본 정치의 빈곤이다.

중국이라는 광대한 국가를 조사하는 데 약 30명의 직원이 1년에 한 차례만 지방 시찰에 출장해서야 얼마나 정보를 모을 수 있겠는가? 스파이로 여겨질지도 모르지만 현장에서 다양하게 듣지 않으면 중국의 사정은 알 수 없다.

필자는 직원들에게는 "괜찮으니까 가기 바란다. 최악의 경우 예산에서 넘치면 지원할 테니까"라고 말하고 출장을 보냈다. 그리고 필자가 출장할 때는 가능한 한 젊은 직원을 데리고 갔다.

### 대사관에 '마피아'를 만들어라

외교에도 비즈니스 마인드가 중요하다. 대사관 시절 지방을 돌아다닌 데는 이토추 당시의 경험이 녹아 있다. 뭔가 일이 발생하면 즉시 현장으로 직행한다는 가벼운 발걸음이 있었다.

요즘은 종래와 같이 대사 부인을 데리고 파티를 여는 '궁정 외교' 시대가 아니다. 그럴 돈이 있다면 조사원과 외교관을 현장으로 파견해야 할 것이다.

필자는 대사관 직원에게 중국 33개 행정 구역의 담당자를 정하게 했다. 예를 들어 티베트 행정구라면 그 지역 담당자와 부담당자를 정해 책임 체제를 시행한 것이다. 물론 직원이 66명이나 되지 않기 때문에 일부는 겸무한다.

관료는 책임져야 할 일을 가장 기피하는데, 업무에 대한 의욕은 책임감에서 생겨난다.

예를 들어 티베트에서 분신자살이 있었다면 바로 현장으로 조사하러 가야 한다. 그 상황에서 "티베트는 내 담당이므로 내가 가야 한다"라고 말하는 직원이 있다면, 일본 외교는 눈에 띄게 강해질 것이다.

이 담당제는 필자가 이토추 사장이던 시절에 손님을 대응하기 위해 도입했던 시스템이다. 회사마다 담당을 결정하고 담당자는 그 회사에 대해서 제품 개발부터 영업 판매, 간부의 관혼상제까지 모든 것을 파악하도록 방침을 정했다. 거래처가 중국 기업이라면, 나쁘게 말해 사내에 '차이나 마피아'라고 부르는 그룹이 존재했다.

대상에 푹 빠지는 것이 얼마나 힘이 될까?

상사맨 시절 필자는 한 대규모 회사에 매일 나갔다. 그 회사 사장까지 포함해 사람들은 항상 그 회사에 가는 필자를 사원으로 여겼다. 실은 그 회사에 점심을 먹으러 간 것인데 매일 출입함으로써 그 회사의 대략적인 것을 알 수 있었다.

뉴욕 주재 시절에는 그 회사 사장이 미국에 왔을 때, 환율과 상품 시세에 대해 대화를 나누며 가르침을 받았다.

'마피아'를 만드는 것은 대사大事이다. 마피아가 아니라면 얻을 수 없는 정보도 있다. 이것을 부정하면 중요한 정보가 들어오지 않는다. 물론 폐해도 있다. 이른바 '손은 안으로 굽는다'라고 해서, 자신이 담당하는 지역의 나쁜 정보는 감추고 좋은 정보만 강조한다. 자신의 출세와도 관계되기 때문에 필사적이다. 그들이 말하는 대로 하면 대부분은 실패한다.

그러나 그곳에 상급자의 존재 의의가 있다. 수장이 잘 생각해서 "잠시 기다려라. 잘 조사해서 해보도록 하라" 하고 시동을 건다. 거짓말은 반드시 들킨다. 한 번 만에 들키지 않더라도 두 번째가 되면 앞뒤가 맞지 않는다. 정보는 그렇게 선별되어간다.

차이나 마피아만으로는 정보가 편중된다. 따라서 베트남 마피아, 인도 마피아도 만든다. "미국 마피아도 만든다"라고 말했더니 "미국은 필요하지 않다. 어느 의미에서 전원 미국 마피아이기 때문이다"라는 답을 받았다.

대사관으로 이야기를 되돌리면, 젊은 대사관원은 모두 우수했다. 그들 자신도 다양하게 불편을 느꼈지만, 그들은 그것을 입에 담으면 바로 본성本省에 전해질 것으로 생각해서 입밖에 꺼내지 않는다. 관청에서도 회사에서도, 대체로 조직을 망치는 것은 상사이다. 젊은이들이 자유롭게 움직이지 않는다면 조직은 활성화되지 않는다.

필자는 반복해서 "경비가 충분하지 않다면 계속 요구하라", "대사大使의 권한으로 실행할 것은 곧 실행하라" 하고 지시했다.

그 누구도 책임을 지지 않고, 돈이 없기 때문에 아무것도 하지 않는다면 국익에 반하게 된다. 중국에 있어도 끊임없이 일본의 일을 생각하고 어떻게 하면 좋을까 고민하지 않으면 안 된다. 필자가 이임한 이후 '대사관 개혁위원회'는 어떻게 되었을까? 그것이 마음에 걸린다.

# 소수민족이라는 문제

## 당근과 채찍 정책

중국의 현재를 고려할 때 소수민족 문제는 피해 갈 수 없다. 경제성장에 따라 소수민족 대책의 모순이 심각해지고, 각지에서 폭동과 테러 형태로 분출하고 있다. 그것은 현 정권을 근저로부터 흔드는 불씨가 될 수밖에 없다.

중국의 인구 구성을 살펴보면 다음과 같다. 2012년 발표로 중국 인구는 13억 5000만 명이다. 그중 한족은 중국 전체의 92%이며 나머지 8%가 소수민족이다. 2014년 인구를 대략 14억 명으로 어림잡으면 1억 1200만 명, 즉 일본과 거의 같은 인구수의 소수민족이 중국에 있는 것이다.

55개나 되는 소수민족 가운데 100만 명 이상인 민족이 18

개 있다. 여기서 10만~100만 명 규모 민족이 15개, 1만~10만
명 규모 민족이 15개, 1만 명 이하 민족은 7개이다. 74만 명
은 미확정 소수민족인데, 이들은 한족 등과 융합해 있어서 민
족을 특정할 수 없다.

중국 최대 소수민족인 장壯(좡)족은 2010년 기준 약 1800만
명이다. 90% 이상이 광시 장족 자치구에 거주하고 있는데,
그 외 광둥성, 구이저우성, 윈난성 등에 퍼져 있다. 장족에 이
어서 위구르維吾爾(웨이우얼)족은 약 1200만 명이다. 중국 최대
이슬람교도인 회回(후이)족은 약 1000만 명이 중국 전역에 흩
어져 있다.

중국에는 자신들의 말은 있어도 문법 체계, 문자는 없는 민
족이 상당수이다. 10만 명 이하의 20개 민족은 문자 체계가
거의 없기 때문에 구전으로 말을 계승하고 있다. 학교교육은
중국어로 이루어지기 때문에 문화적으로는 한족에 거의 동화
되었다.

중국 정부는 소수민족에게 제도 측면에서 우대 조치를 강
구하고 있다. 그들의 언어와 문화를 가르치는 학교를 만들고
그들이 거주하는 지역에 공공투자를 실시해왔다. 대학 입시
에서는 우대한다. 한족과 결혼하더라도 한 자녀 정책에서 제
외되어 자녀 2명을 가질 수 있다.

그러나 교육비를 고려하면 어느 정도 부유하지 않는 이상

자녀를 2명 이상 갖는 것은 무리이다. 혹은 중국어를 말할 수 없다면 한족의 중국 사회에 진입하는 것은 불가능하다.

소수민족 대책으로 일정 비율 아래 자치구 간부를 임용하고 있는데 대부분은 이인자 위치에 멈추며, 필자가 아는 한 관료와 당 위원회 서기 등 일인자 지위에는 한족이 취임한다. 필자가 아는 범위에서는 소수민족 출신이면서 중앙에서 출세한 이는 내몽골(네이멍구) 출신으로 전국인대 여성 광보보도관廣報報道官을 하고 있는 푸잉傅瑩 정도일 것이다.

가난한 소수민족의 불만을 누그러뜨리기 위해서는 우대책이 필요하다. 그렇지만 우대가 지나치면 한족의 불공평감과 불신감이 높아진다. 또한 소수민족의 권리 의식이 높아지면 현재와 같은 '이등 국민' 취급을 달가워하지 않게 되고, 문제가 더욱 심각해질 수 있다. 중국 정부는 소수민족에게 이른바 당근과 채찍 정책을 나누어 구사하면서 아슬아슬한 균형을 취해왔던 것이다.

위구르족과 티베트족에 의한 폭동과 소란은 끊임없이 분출하고 있고, 당국의 무력 진압으로 다수의 사망자가 발생해왔다. 이러한 움직임을 신속히 진정시키지 않으면 다른 지역과 소수민족에게도 불똥이 튈 수밖에 없다. 국제사회의 비판이 강해지면 외교와 경제에 영향을 미치게 되는 일도 있을 수 있다. 소수민족 문제에 잘못 대응하면 중국 정부는 일거에 국민의 구심력과 국제적 신용을 상실하고, 정권이 위험에 내몰릴 위험성도 있는 것이다.

소수민족의 통합이 어려운 것은 지도를 보면 일목요연하다. 자치구 대다수는 변경에 자리 잡고 있기 때문에, 몇천 킬로미터에 이르는 긴 국경을 안고 여러 국가와 접하고 있다. 바다로 둘러 싸여 있는 일본에서는 상상하기 어렵지만 육지로 이어진 국경은 이웃나라로부터 쉽게 침입당할 수 있다. 국경 경비대가 경호하고 있지만, 지역에 따라서는 유유상종이라는 말대로 비자 없이 이웃 나라와 일상적으로 오가는 것이 실태이다.

필자는 중국 지도를 보고 '나라면 어떻게 했을까?'라는 생각만으로도 망연자실해진다.

## 위구르족의 계속되는 폭동과 테러

우선 신장 위구르 자치구를 살펴보도록 하겠다. 중국 북서 지역에 자리 잡고 있으며 면적은 165만 제곱킬로미터로 중국 전토全土의 6분의 1을 차지한다. 중국의 성, 자치구로는 최대이며 일본 면적의 4~5배에 해당한다. 일본인에게는 실크로드의 무대로 익숙한 지역일지도 모른다.

이 땅은 카자흐스탄, 키르기스, 타지키스탄 등의 국경에 가까운 서쪽 방위의 요충이다. 이곳에는 한족 약 260만 명을 중심으로 이루어진 '신장생산건설병단新疆生産建設兵團'(둔전병屯田兵)이 농지를 개간하면서 국경을 지키고 있는 것으로 알려져 있다. 생산건설병단은 신장 위구르 자치구 국내총생산의 13%를 담당하고 있다.

물론 국경선을 방위하는 한편, 사회의 안정을 확보하고 '독립운동'을 억지한다는 노림수 아래 보내진 병단兵團이다. 1955년에 자치구로서 중국에 편입된 이래, 이러한 정책으로 한족을 증가시키고 약 2200만 명(2011년 기준) 인구 가운데 45%인 이슬람교도 위구르족과 40%인 한족이 상호 대립하고 있다. 1950년대에는 한 자리 수 퍼센트였던 한족이 당국의 이주 정책으로 급증했다.

한족에 동화되는 위구르족도 많고, 오히려 그러한 이들의 비율이 더 높지 않은가 생각하겠지만 예로부터 내려오는 농목農牧 생활, 종교, 관습을 지키고 있는 위구르족도 적지 않다.

나아가 자치구 국내총생산 70% 이상을 국유기업이 점하고 있다. 위구르족에 대한 중국의 '동화정책'은 아마 중국이 긴 역사 가운데 몸에 익힌 소수민족 통치 방법일지도 모른다. 경제 발전의 은혜를 베풀고 긴 시간에 걸쳐 동화시켜가는 정책이다.

한족과 융화하고 공산당원이 되어 경제 발전의 물결에 편승하는 위구르족이 있다면, 그것을 혐오해 경제 발전에서 떨어지는 이들도 있다. 위구르족 사이에 빈부 격차가 확대되는 데 따라 내부 불만이 높아지고 있다.

중국으로부터의 분리독립운동은 내외에서 전개되어, 티베트와 함께 중국 소수민족 문제의 최대 불씨가 되고 있다. 위구르족의 독립운동[1]과 인권보호운동은 내외에서 계속되고 있고, 특히 '동투르키스탄 이슬람운동ETIM: East Turkestan Islamic Movement'은 중국으로부터의 분리독립을 강경하게 주장해왔다. 망명 위구르인으로 이루어진 해외 민족운동 조직인 '세계위구르회의'는 중국 정부의 인권침해 사건을 고발하고 있다.

중국 정부는 이와 같은 움직임을 테러리즘, 민족 분열주의, 종교 과격주의라고 하는 '세 가지 세력'의 하나로서 엄격하게 단속해왔다. 이슬람교도의 활동은 항상 감시되고 있고, 초등학교에서 위구르어를 가르치는 것이나 모스크에서 이루어지는 예배도 제한된다. 이슬람교도에게 신성한 종교 행사인 '라마단(단식월)' 역시 정부에 의해 제한된다고 전해지고 있다.

2009년 7월 5일 우루무치 시내에서 위구르족 약 3000명이 항의 시위를 했고 치안 부대와 충돌했다. 중국 당국은 사망자

---

1 위구르족의 독립운동에 대해서는 다음을 참고하기 바란다. 왕커王柯, 『동투르키스탄공화국 연구東トルキスタン共和国研究』(東京大學出版會, 1995). __옮긴이 주

197명, 부상자 약 1700명이라고 발표했는데, 세계위구르회의는 약 800명이 살해되었다고 발표했다.

2013년 10월에는 베이징시 천안문(톈안먼) 광장 앞으로 돌진한 차가 불길에 휩싸여 5명이 사망했다. 당국은 이 사건이 신장 위구르 자치구 출신자의 범행이라고 규정하면서 용의자 2명을 특정했다. 나아가 시진핑을 중심으로 하는 중국 지도부는 이 사건을 이슬람 과격파 조직의 테러로 단정하고, 3중전회에서 전국적인 치안 대책 강화의 자세를 제기했다.

### 무차별 테러에 이르게 될 정도의 불만과 절박감

2014년 3월 초에도 중국 윈난성 쿤밍역昆明驛에서 칼을 소지한 이들이 통행인을 무차별 습격해 29명이 죽고, 130명 이상이 다치는 사건이 있었다. 당국은 이를 위구르족 분리독립파의 범행으로 단정하고 4명을 사살했다. 전국인대가 개최되기 직전이었다.

사건이 만약 위구르족의 범행이었다면 중국 당국은 허를 찔린 게 틀림없다. 이미 천안문 사건이 있었기 때문에 당국은 신장 위구르 자치구를 위시해 위구르족이 집결할 수 있는 장소에 경계를 강화했을 것이다.

정말 자치구에서 멀리 떨어진 쿤밍昆明은 사각지대였던 것

은 아닌가? 필자도 대사 시절 방문했지만, 쿤밍은 많은 소수
민족이 교차하는 '민족의 도가니'이다. 중국에 위구르족이 섞
여 있다고 해도 불가사의하지 않다. 신장 위구르족의 불만이
자치구 밖으로 분출했다는 감이 있다.

중국공산당의 권위를 상징하는 천안문이 표적이었던 사건
과 비교해보면, 이 사건은 역에서 열차에 탑승하려는 서민을
공격 대상으로 삼았다는 점이 크게 다르다. 말하자면 무차별
테러이다. 이 사건에서 위구르족에게 쌓인 불만의 거대함과
궁지에 몰린 절박감이 전해진다.

향후 일반 시민을 노린 테러가 더 기승을 부려도 중국 당국
이 소수민족 통치의 고삐를 푸는 일은 없을 것이다. 위구르도
티베트도 석탄과 천연가스, 귀금속 등의 자원이 풍부한 지역
이다. 통치가 느슨해지면 소수민족 다수가 중국공산당에 반
기를 들고, 국내 통치가 파경을 맞이할 우려도 있다.

한편으로 위구르족에 대한 옥죄기는 과격한 행동으로 나
가는 소수파를 만들어낼 것이다. 경우에 따라서는 소수파가
친親중국공산당 성향의 다수파 동포를 공격하는 사태도 있을
수 있다. 새뮤얼 헌팅턴Samuel Huntington이 『문명의 충돌The Clash
of Civilizations』(1996)에서 논한 이론에 기댈 것도 없이, 소수민
족 다수를 안고 있는 국가에서 항쟁이 일어나는 것은 역사가
증명하고 있다.

쿤밍에서 일어난 살상 사건 이후 시진핑 국가주석은 소수민족 대표자와 연이어 만났다. 경제 격차의 개선에 주력하고 문화와 종교 방면의 독자성을 존중한다는 입장을 내보였다고 한다. 위구르족 이외의 소수민족을 구슬려 소수민족끼리 결탁하지 않도록 하려는 산단算段(속셈)일 것이다. 긴 시간에 걸쳐 소수민족을 회유하는 방침에는 조금의 변화도 없다. 위구르족 일부가 과격하게 나가고 테러가 계속될 가능성이 있다.

소수민족 문제가 산적했어도, 대사 시절 필자에게 가장 인상적이었던 곳은 베이징, 상하이 같은 대도시가 아니라 소수민족의 풍정風情이 넘치는 윈난, 내몽골, 신장, 티베트 등이었다. 각지를 방문했을 때의 경험은 상상 이상으로 의의가 깊었다.

다음은 필자가 각 자치구인 신장 위구르, 티베트, 내몽골을 시찰했을 때의 경험이다.

**사막에 즐비한 거대한 풍차**

2011년 6월에 3박 4일 일정으로 신장 위구르 자치구를 방문했다.

아침 8시에 베이징을 나서 저녁 무렵 우루무치에 도착했다. 신장 위구르 자치구를 방문한 목적 가운데 하나는 경제 교류였다.

일본무역진흥기구JETRO와 일본철강연맹을 위시해 금융·상사·전력·화학·전기·여행 관련 일본계 기업에 근무하는 30명 외에 신문기자 11명이 동행했다.

이 지역은 사막 지대로 석유와 천연가스가 풍부한 출산지出産地이다. 중국 육상 석유 매장량의 30%를 차지하고, 국내에서는 헤이룽장성, 산둥성에 이어 제3위이다. 천연가스 매장량도 30%를 차지해 제1위이다.

초원의 목축업이 성행해 소맥, 옥수수, 면화, 아마亞麻, 첨채甜菜, 과일이 생산된다. 하미시哈密市와 도야마현富山縣 뉴젠정入善町, 투르판시와 야마나시현山梨縣 가쓰누마정勝沼町 등, 과일 특산물을 매개로 일본 자치체自治體와 자매 제휴를 맺고 있는 도시도 있다.

일본 기업은 기회만 된다면 신장新疆에 진출하고자 하는데, 자치구 수장인 서기와는 거의 만날 수 없다. 일본 대사 방문에 동행하는 면담은 그들에게 둘도 없는 기회가 틀림없다. 한 차례 서기를 만나서 부하들과 명함을 교환해둔다면 후일 연락과 상담이 순조롭다.

첫날은 현지 일본계 기업과 간담했다. 신장 위구르 자치구에는 세키스이화학공업積水化學工業이 주재하고 있다. 세키스이화학은 플라스틱관 국내 최대 메이커 경영권을 취득해 중국 진출을 도모해왔다. 이 외에 삿포로 맥주, 데이코쿠전기제

작소帝國電機製作所, NEC, 히다치日立, 아즈비루アズビル, 요코가와전기橫河電機, 시마즈제작소島津製作所, 도요타통상豊田通商 등이 현지법인의 지사 및 주재 사무소를 갖고 있다.

경제 관계자는 대사의 서기 방문을 현지 진출에 유용하게 이용하고 있지만 일본 대사관은 만약 현지에서 폭동과 시위가 일어날 경우 주재 국민을 보호하지 않으면 안 된다. 그때 시찰과 회담으로 만들어온 인맥이 빛을 볼 수 있다.

우리가 시찰했던 기업은 1998년 설립된 신장진펑과기新疆金風科技, Gold Wind로, 풍력 에너지를 전력으로 전환하는 터빈의 제조 및 개발에 일찍부터 몰두해왔다.

우루무치에 본거지를 두고 있는 진펑과기는 세계 제5위의 풍력발전 터빈 메이커로 유명하다. 2008년에는 동종 업계의 독일 벤시스를 산하에 두는 등 해외에서 기술을 도입해 품질을 향상시켜왔다. 중국에서 비중은 23%(2013년 기준)에 달한다.

일본에서 재생가능 에너지의 주역은 태양광발전인데, 중국에서는 풍력발전의 존재감이 증가하고 있다. 광대한 토지에 거대한 풍차 건설이 중국 각지에서 연이어 추진되고 있다.

실크로드의 요소要所로서 번영했던 투르판 교외에 펼쳐진 사막 지대에는 풍력발전에 적합한 바람이 1년 내내 불며, 수십 미터나 되는 거대한 풍차 수백 개가 즐비하게 서 있다.

## 더욱 개방적인 지도자 장춘셴

이틀째는 신장사범대학新疆師大學에 가서 일본어학과 학생들과 교류했다. 학생 60여 명 가운데 선발된 20명 전원이 여성이었다. 우선 필자가 단상에서 강연하고 이후 자유롭게 질의응답을 나누었다. "일본의 기업에 취직하려면 어떻게 하는 것이 좋은가?"라는 질문이 많았다. 이는 어느 곳 대학생에게도 변하지 않는 관심사이다.

밤에는 일본 요리점에서 모였다. 신장 위구르 자치구의 최대 도시 우루무치에 주재하는 일본인(대학 강사와 대학원생 등) 16명이 자리했다. 신장 위구르의 일본인 장기 체류자는 51명(2011년 기준)이다. 일본인에 대해 아직 군인의 이미지가 남아 있는 지방 중국인에게 현대 일본인의 모습을 알리는 데, 중국 주재 일본인의 존재는 귀중하다.

1980년 일본방송협회NHK가 특집 〈실크로드〉를 방송했을 때는 일본인 관광객이 급증했다. 2011년 1~3월에 방문한 일본인 관광객과 사업 관계자가 1만 명 정도라고 한다.

2009년 대폭동의 책임으로 서기가 교체되고 새로운 서기가 위구르족의 생활 향상에 몰두하고 있었기 때문에, 그 시기에는 정정政情이 안정되었고 중국 주재 일본인도 "지금은 잘 지내고 있다"라고 안심했다.

그 당시 서기는 장춘셴張春賢이었다. 장춘셴은 2009년 7월 우루무치에서 발생한 위구르족 폭동을 잘 진정시켜, 현재 중앙정치국 위원 25명 가운데 1명이 되었다. 5년 후에는 상무위원이 될 것으로 여겨지는 유능한 정치가이다.

면담 자리에서 일본 주재 참석자들은 2011년 발생한 동일본東日本 대지진 의원금義援金에 대해 감사 인사를 전하고, 원자력발전 사고에 의한 방사능 확산 방지에 전력을 다할 것이라는 취지를 논했다. 진재震災 후 2011년 5월, 중국 정부의 국가유여국國家旅遊局(국가여행국) 국장이 일본을 방문해 일본산 식품에 문제가 없다는 것을 확인했다. 중국은 수입을 일시 정지했지만, 일본은 이제까지대로 식품 구입이 이루어지기를 바라며 신장 위구르와 경제 교류를 촉진하고 싶다고 호소했다.

"과거부터 이곳은 동아시아, 서남아시아를 잇는 교통의 요지이다. 자원이 풍부하고, 포도 등 과일 산지로 알려져 있기도 하다. 일본 기업은 투자 설명회에 참가해 청정에너지 개발에도 협력해주기 바란다. 그와 동시에 풀뿌리 교류, 청소년 교류를 추진하도록 하자. 2012년은 국교 40주년이다. 30주년, 35주년에는 신장과 공동 이벤트를 하지 않았다. 이번에는 부디 실현해보도록 하자."

저녁 식사에는 '새끼 양' 통구이가 나왔다. 사람보다 양을 중요하게 여기는 지역이다. 통구이를 칼로 썰어 처음 먹을 수 있는 자격은 주빈인 필자에게 돌아왔다. 그런 식으로 우리 일행은 환영받았다.

장춘셴은 2011년 3월 전국인대 개최와 같은 시기에 웨이보微博를 개설해 화제를 불러일으켰다. 각료급에 상당하는 지방 수장이 온라인상에서 시민과 의사소통을 시도하는 예는 아직 드물다.

"중국에서 가장 개방적인 지도자"라고 필자가 칭찬하자, 장춘셴은 "1주일 동안 12만 명이 팔로잉했다. 정말 대응할 수 없었다"라고 응했다.

웨이보 개설은 대립이 심각해지고 있는 위구르족과 한족의 불만 흡수를 노린 시도였을 것이다. 장춘셴의 말대로 국민의 접근에 대응할 수 없었기 때문일까? 그의 웨이보는 1년도 지나지 않아 폐쇄되었다. 그렇지만 국민의 의견을 넓게 듣고자 한 선견성先見性이 있는 시도였다고 생각한다.

국제문제이기도 했던 2009년 위구르족 폭동에 대해서 "후유증은 없는가?"라고 물었는데, "그렇지 않다"라고 명확히 부정했다.

2010년 5월 신장공작좌담회新疆工作座談會에서 신장 위구르 자치구의 시정 방침은 '안정 제일'에서 '발전과 안정'으로 급선회했다. "사람, 물건, 돈, 정보의 이동을 자유롭게 하자"라는 방침이 나왔다.

장춘셴은 중앙아시아 국가와의 관계 강화에도 노력을 기울였고, 우루무치는 서부 경제의 중심지로서 더욱 발전할 것이다. 총 연장 16만 km로 중국에서 항공 노선이 제일 긴 우루무치 공항은 중앙아시아의 허브 공항이 될 가능성이 있다.

## 최서단의 국경 마을로

사흘째는 우루무치에서 공로空路로 중국 최서단의 국경도시인 카슈가르를 방문했다. 이곳은 이슬람교의 거점 도시이며, 시내에 신장 최대의 모스크가 있다. 파키스탄에도 가깝고 중국이라고는 믿기지 않을 만큼 위구르 민족색이 강하다.

중국 정부는 2011년 3월 카슈가르에 경제특구를 설치한다고 발표했다. 이른바 '서쪽의 선전深圳'으로서 풍부한 방직품과 지하자원을 살린 기업 유치 등의 우대 조치가 취해졌다. 이는 민족 분쟁이 끊이지 않는 신장 지역을 배려한 경제 지원책이기도 하다.

카슈가르에서 자동차로 40분 정도 달려 근교의 오아시스 마을인 아커쑤阿克蘇로 향했다. 끝없는 지평선의 평원을 관통해 하염없이 도로를 달린다. 거리 맞은편에는 바위산이 병풍처럼 펼쳐져 있다.

이 주변은 일사日射도 강하다. 도로를 가운데에 두고 지하수를 퍼올리고 있는지의 여부에 따라 오른쪽은 사막, 왼쪽은 파릇파릇한 녹색 풍경으로 달라진다. 특산물인 포도, 멜론, 배가 매우 맛있다.

아커쑤에서 일본국제협력기구JICA가 전개하고 있는 '지방 도시 환경정비 사업'을 시찰했다. 아커쑤는 과거 실크로드에 자리한 교역 도시로서 번영했고, 현재도 약 20만 명이 거주하는 지방 도시로 신장 위구르 자치구 발전에서 중요한 위치를 차지하고 있다. 도시 지역에서는 공업화·도시화가 진전됨에 따라 인프라 정비의 필요성이 높아지는 한편, 수질오염과 대기오염 등 환경문제가 부상하고 있다.

일본국제협력기구는 아커쑤와 알타이에서 상하수도 시설, 도시가스 공급 시설의 건설을 추진하고, 주민의 생활환경이 향상되도록 진력하고 있었다. 단순히 물리적인 지원뿐만 아니라 일본 현지 직원이 지방자치체에서 연수받는 프로그램을 설치하는 등 세부적인 지원도 행하고 있다.

### 아커쑤 민가를 방문

아커쑤에서는 위구르족 민가를 방문했다. 그렇지만 우리가 안내받은 곳은 부유층의 훌륭한 자택이었다. 민가라고 하지만 '아커쑤 관광국'을 표방하는 석조 소형 호텔이다.

청소를 위해 정원에 물을 뿌리고, '어서 오십시오'라는 듯 맞아들였다. 서민이 사는 곳은 가까이에 점재하고 있는 토벽土壁의 허름한 민가民家일 것이다.

안내받은 객실에는 커다란 융단이 깔려 있었다. 초로初老의 남성에게 어서 들어가라는 말을 듣고 융단 위를 가로질러 걸었는데, 시정부市政府의 간부가 그래서는 안 된다고 귀띔했다.

위구르족의 습속에 따르면 융단은 방에 놓인 식탁과 같다. 가장자리가 솟아올라 앉을 수 있게 되어 있고, 융단 위에 음식을 놓고 식사한다. 따라서 입구에서 대각선으로 가려면 융단이라는 '식탁' 위가 아니라 벽을 따라 걸어야 한다.

집 안을 안내해 달라고 부탁했더니 거실과 주방 등 방 몇 개를 보여주었다. 일본산 텔레비전 외에 전자 제품을 갖추고 있었다. 유학하고 있는 딸의 방이라며 보여준 곳은 매우 예쁘게 정리되어 있었다.

사람을 불러서 융단 위에 갓 구어낸 난과 토산물 과일을 늘어놓았다.

"생활은 어떤가?", "정부의 공무원은 어떤가?", "부족한 것은 없는가?"라고 질문하자 형식적인 대답이 돌아온다.

우리와 접촉하는 이들은 모두 공산당원이며, 그들은 위구르족 가운데에서도 우대 조치를 받는다. 그들에게는 불만이 없는 게 확실하다. 소수민족 문제는 우대받지 않는 사람들에게 있다.

"항상 이렇게 좋은 걸 먹는가?"

"아니다. 오늘은 특별한 손님이 오지 않았는가?"

그들도 발언에는 주의했다. 아무리 우대받는다고 해도 위구르족인 이상 자치구의 일인자는 될 수 없다. 그 어떤 소수민족에게도 이는 마찬가지의 사정이다. 허름한 민가에서 화장실을 빌리는 것도 가능했지만, 접대하는 공무원의 체면도 있어, 마음 내키는 대로 행동할 수 없었다.

### 최초의 티베트 공식 방문

그로부터 두 달 후인 2011년 8월, 이번에는 티베트 자치구를 방문했다.

일본 정부의 관계자는 그렇게 간단히 티베트에 들어갈 수 없다. 나흘간 일정이었는데, 일본 대사가 티베트 자치구를 공식 방문하는 것은 대사관 기록에 남아 있는 한 처음이었다. 동행하는 취재기자도 5명으로 제한되었다.

우선 베이징에서 칭하이성青海省 시닝西寧으로 갔다. 그리고 2006년에 전체 선로가 개통된 칭짱철도青藏鐵道로 하루 걸려 라싸에 들어갔다. 철도를 사용한 것은 고도가 4000m인 라싸에 비행기로 단번에 가면 고산병에 걸릴 가능성이 있기 때문이다.

일등석 침대차에는 침대 4개가 있었다. 그런 곳에서 하루 종일 앉아 있기만 하면 지루하다. 서민이 타는 이등석과 삼등석에 인사를 하러 갔다. 중국 공무원이 "위험하다"라면서 말렸는데, "열차 안이라면 나쁜 일을 해도 도망갈 수 없을 것이므로 괜찮다"라고 하면서 강행했다.

언제 욕탕에 들어갔는지 알 수 없을 만큼 새까만 티베트 사람들 가운데로 들어가 보았다. 아이들을 무릎 위에 안고 "아이가 건강하다. 몇 살인가?"라고 실없는 소리를 나누다 보면 그들의 살림살이를 자연스럽게 알게 된다.

장거리 열차에 타고 있을 정도이므로 그렇게 가난하지는 않을 것이다. 일본의 보도 기자가 사진 촬영을 하자, 그들에게는 카메라가 귀해서인지 갑자기 열차 안에 활기가 돌았다.

중국에서 1개소에 가장 많이 모여 있는 소수민족이 티베트족이다. 티베트 자치구 총인구가 약 300만 명인데 이 중 90% 이상이 티베트족이다. 한편 2000년부터 시작된 서부 대개발로 한족이 대량 유입되어, 라싸 중심부의 한족 비중이 티베트족을 바싹 뒤쫓고 있다는 지적도 있다.

1949년 중국의 건국 이래, 티베트 불교를 신앙하는 티베트족에 대한 중국 정부의 심각한 탄압은 국제문제로 발전해왔다. 쓰촨성四川省 등의 티베트족 자치주에서는 승려의 분신자살 같은 항의 활동이 계속되고 있다.

중국에서 과거 혁명의 원인은 빈부 격차, 기아, 종교였다. 백련교白蓮敎 신앙에 기초한 14세기 홍건紅巾의 난, 기독교에 기반을 둔 19세기 태평천국太平天國의 난 같은 종교색 강한 반란이 국가를 요동치게 만들었다. 생명을 걸고 신앙을 지키고자 하는 종교는 공산당 이념과는 상용相容되지 않는다.

중국의 위정자는 본능적으로 종교 집단을 두려워한다. 종교 세력이 언제 공산당을 향해 이빨을 드러낼지 모른다고 하는 강한 경계감이 있기 때문이다. 1999년 파룬궁法輪功이라고 하는 기공자 집단이 급격히 팽창하자, 이들의 세력 확대를 두려워한 중국공산당이 일전一轉해 탄압에 나서 많은 사망자가 나왔다.

중국공산당은 종교 관련 집회 및 종교에 가까운 조직에 항상 신경을 곤두세우고 있다. 중국 정부는 티베트 문제를 '핵심 이익'의 한 가지로 삼아, 중국 발전에서 가장 중요한 사항으로 규정하고 있을 정도이다.

### 세계 최고의 '물 공장'

필자가 티베트를 방문했을 때는 2008년 대규모 폭동으로부터 3년 정도가 지난 시점이었다. 라싸 중심부 이곳저곳에는 중국인민해방군 진주進駐와 중국-티베트 협정 체결에 의한 1951년 '해방' 60주년을 기념하는 빨간 횡단막이 게양되어 있었다.

역대 달라이 라마達賴喇嘛의 거처였던 포탈라궁을 견학했다. 참배자들의 행색을 보면 베이징에 비해 대단히 누추했다.

7세기에 창건된 티베트 불교 사찰 조캉사원大昭寺은 주변의 성省에서도 티베트족 순례자가 방문하는 성지 라싸의 상징적 장소이다. 절 앞에서는 신자가 지면에 몸을 엎드려 기도를 올리는 '오체투지'를 반복했다. 이 주변은 2008년 폭동의 중심지이기도 해서, 소총을 휴대한 무장 경찰이 순회하고 있다고 들었다.

절 주변에는 수백 년이나 이어져 내려오고 있는 오래된 시장이 있다. 번화가 바코르八角街에서는 부엌 용품 쇠붙이, 관광용 장식품을 팔고 있었다. 대대로 계속 일해오고 있는 대장장이도 있었다.

관광객을 상대하는 화가에게 "하루에 얼마나 그리는가? 생활은 유지되는가?"라고 물었더니 사흘에 한 차례 정도 팔린다고 했다. 상점을 들여다보며 거리 이 끝에서 저 끝까지 걷는 데 1시간 정도 걸렸던 것 같다.

구시가를 걸으며 티베트 문화와 종교의 깊이를 느꼈다. 한편 티베트는 20년간 급속히 경제성장을 계속하고 있고, 라싸

시에도 대형 백화점과 깨끗한 호텔, 캐주얼 쇼핑샵이 늘어서 있다. 거리에는 티베트어보다 한자 간판이 넘치고, 티베트 문화색이 짙은 지구地區는 구시가에 국한된다.

1300년 역사와 전통을 자랑하는 고도古都도 경제성장에 휩쓸려 급변하고 있다.

티베트 자치구는 풍부한 수자원으로 주목받고 있다.

라싸 교외 당슝현當雄縣에 있는 광천수 공장을 시찰했다. '세계에서 가장 높은 장소'에 건설된 '물 공장水工場'으로 향하는 도중 두통과 구토 기운으로 인해 의사에게 신세를 진 사람도 있었는데, 필자는 하루 동안 서서히 고산에 익숙해져서 괜찮았다.

표고 5100m 히말라야 산맥의 수원水源에서 물을 끌어와, 독일 최신에 시설을 도입해 생수를 제조한다. 빙하가 녹은 물이어서 오염도가 '0'이라고까지 단언한다. 동행한 경제인은 "이런 최신 공장은 본 적이 없다"라고 감탄했다.

취수 지점의 표고를 따 이름 지은 '5100 시짱 빙촨西藏冰川 광천수'는 일반 상품의 몇 배 가격으로 철도와 비행기에서 판매되고 있다. 매상은 계속 늘고 있고, 중국 내 고급 광천수 시장에서 판매량 점유율은 약 30%로 최고이다. 물론 부유층이 대상인 상품으로 가격도 '세계에서 가장 높은' 광천수가 아닌가 한다.

그러나 수자원 개발에는 생태계 보호와 자금 확보 같은 난제도 있다. 민족문제가 장벽이 되어 상업 목적의 외국인 현지 진입은 제한되고 있다.

티베트 자치구 정부의 바이마츠린白瑪赤林 주석과 회담했을 때 필자는 이 광천수를 화제로 삼았다.

"물은 향후 세계경제를 좌우하는 자원이 될 것이다. 입역入域 규제가 장기간 진행되면 티베트의 경제 발전을 저해하는 요인이 되리라 본다. 티베트 수자원 개발에 일본 기업이 참가할 수 있도록 부탁드린다."

바이마츠린 주석은 다음과 같이 응했다.

"티베트는 아시아의 급수탑給水塔으로 일컬어진다. 60년간 급속히 발전해 대외 개방이 진행되고 있다. 일본 기업의 티베트 투자를 환영한다."

### 내몽골의 희토류 문제

2011년 9월에는 내몽골 자치구를 방문했다. 그 당시 인구는 약 2400만 명으로 한족이 1900만 명, 몽골족이 400만 명 정도였다. 중국 건국 이래 점점 한족이 이주해 전체 인구의 80%를 차지하는 데 이르렀다.

이곳을 방문했던 것은 당시 국제문제로 떠오르던 '희토류

rare earth 쇼크'에 대응하기 위해서였다.

희토류는 휴대전화와 전기 자동차 등 첨단기술 제품의 제조에 빠져서는 안 되는 자원이다. 중국은 총 유통량의 90% 이상을 공급하고 있는데, 2010년 일본을 위시한 세계 각국에 희토류 수출량을 대폭 제한한다고 발표했다. 이로써 희토류 국제가격이 급등했다. 중국의 주요 산지인 장시성江西省의 현縣 세 곳에서 9월 들어 생산을 전면 중단했다.

희토류를 거의 중국에 의존하고 있던 일본에서도 중국의 수출 규제는 파문을 불러일으켰다. 센카쿠 열도에서 중국 어선 충돌 사건이 발생했을 때 중국은 대對일본 희토류 수출을 며칠간 정지했다.

필자는 일본 기업 주재원 등과 함께 중국 유수의 희토류 생산지인 내몽골 자치구 바오터우시包頭市를 방문해 가공 업체인 쇼와전공昭和電工[2]과 중국 기업의 합작 공장과 함께 중국 최대급 희토류 연구소를 시찰했다. 그리고 희토류 산업 개발구 간부에게 "희토류의 가격 변동이 심하거나 수량에 제한이 있으면 기업은 안심하고 투자할 수 없다"라고 상황을 전했다.

후허하오터呼和浩特에서는 자치구 일인자였던 후춘화 서기와 회담했다. 필자는 그에게 경고했다.

---

2 미쓰이화학이라고도 불린다. _옮긴이 주

"중국산 희토류 값이 오른다면 미국, 호주, 베트남 등이 생산을 시작하고 각국은 중국산을 구입하지 않을 것이다. 결국 부메랑처럼 되어 중국이 타격을 입는다."

후춘화는 "수출 규제는 가격을 조작하기 위해서가 아니라, 과잉 난개발을 방지하기 위한 것이다"라고 중국 정부의 주장을 되풀이했다.

당국은 과잉생산을 방지하기 위해 각 광산이 생산량 총량 규제를 엄격히 지키도록 요구하는 통지를 냈다. "그동안에는 생산량을 떨어뜨리지 않을 수 없기 때문에, 기다려주기 바란다"라는 것이 중국 측의 설명이었다.

실제로 후춘화는 약 500개였던 공장을 5분의 1로 축소하고 법률과 규제를 준수하는 개발 업자에게만 허가를 냈다.

## 광산 노동자의 착취 위에 성립된 경제성장

필자는 내몽골을 방문해 살펴보고 중국 측의 설명에도 일리가 있다는 것을 알게 되었다.

확실히 현지에서는 희토류 관련 기업이 다수 난립해, 과잉생산이 횡행했다. 과거 '금 광산' 개발처럼 정부의 규제 없이 토지를 무조건 개발하면 국토가 황폐해진다. 이는 중국이 말한 바와 같이 환경문제와 자원 고갈을 초래한다. 자원을 지속적으로 이용하기 위한 개발에는 일정한 질서가 필요하다.

세상에 잘 알려져 있지 않지만, 광산을 개발하는 과정에서 사상자나 장애인이 생겨나기도 한다.

석탄은 중국 에너지의 70%를 담당하고 있다. 에너지 소비가 증가함에 따라 노천 석탄을 다 캐버렸기 때문에, 종혈縱穴, 횡혈橫穴을 파서 지하 깊은 곳의 석탄을 채굴한다. 중국에서는 매달 수많은 낙반落盤 사고가 일어나고 있고, 석탄 노동자가 생매장된다. 탄광 책임자가 보신保身을 이유로 낙반 사고 사망자를 적게 공표하고 일부 사망자는 다른 장소로 이동시켰다는 말도 들었다.

중국에서 인간의 목숨은 가볍다. 대단히 가혹한 노동조건 아래 가난한 노동자가 얼마나 목숨을 잃거나 상처를 입고 있을까? 물론 중국은 그런 현장을 절대 외부에 보여주지 않는다. 당국이 규제를 하지 않을 경우, 중국인의 인명과 인권이 위험에 처하게 될 것은 확실하다.

이는 중국에 국한된 사실이 아니다. 미국과 남아메리카의 자원 개발 현장에서 얼마나 많은 사람이 사망하고 있는가? 방글라데시와 파키스탄의 섬유 공장에서 어느 정도 가혹한 노동이 강제되고 있는가? "국제시장에서 경쟁력이 있다"라는 말은 듣기에는 좋지만, 그 실태는 저임금으로 노동자를 착취하고 노예처럼 혹사시키는 것이다.

2013년 11월 산시성山西省의 성도省都 타이위안시太原市 당 위원회에서 연속 폭발 사건이 일어났는데, 사건의 배경에는 탄광 노동자들의 불만이 있었던 게 틀림이 없다. 이 지역은 한족이 약 97%이기 때문에 소수민족 문제는 거의 일어나지 않는다.

필자가 방문했을 때 중국 제1석탄 산지인 타이위안에는 멋 진 빌딩이 즐비한 데 비해, 탄광 가까이에는 값싼 아파트가 늘어서 있는 모습으로 빈부 격차가 역력했다. 탄광 노동자에 대한 안전 대책이 불충분해 보이는 광경도 눈에 들어왔다.

중국은 앞으로 이런 노동 현장을 포함한 사회 환경을 정비 하지 않으면 안 된다. 경제 발전을 위해 국민교육은 불가결하 다. 그렇지만 교육이 보급된다면 국민의 뜻이 높아지고 모순 이 표면으로 드러나게 되어 그만큼 국민의 반발도 커진다. 경 제 개발은 항상 그와 같은 모순을 내포하고 있다.

내몽골 시찰에서 돌아와서 미디어에 필자가 보고 들은 중 국 사정을 보고했다. 그렇지만 일본 미디어는 그것을 거의 기 사화하지 않았다. 역시 중국이 희토류 수출을 일종의 외교 카 드로 이용하고 있다는 '중국 악당 스토리'에 매달렸다. 거꾸 로 중국 사정을 설명하는 나를 '친중파'로 간주하고 비판 재료 로 썼다.

내몽골 자치구 서기였던 후춘화는 현재 중앙정치국 위원

을 맡고 있다. 앞으로 20년은 더 중국을 짊어지게 될 것이다. 10년 후 시진핑의 뒤를 이을 유력 후보로서, 당시 지린성 당위원회 서기였던 쑨정차이와 함께 거론될 만큼 유능한 정치가이다.

일본, 미국, 유럽연합EU은 희토류 수출규제 철폐 요구에 대해 중국이 응하지 않았고, 중국의 규제가 부당하다는 이유로 2012년 3월 세계무역기구에 제소했다. 세계무역기구는 2014년 3월, 중국의 규제는 세계무역기구 협정을 위반하는 것이라고 결론짓고 중국에 패소 판단을 내렸다. 같은 해 4월 들어 중국은 이 결과에 불복하고 상소 방침을 밝혔다.

초원 그리고 말과 양을 떠올리게 하는 내몽골이지만, 21세기 들어선 이후부터는 매년 20%에 가까운 최고 성장률을 중국에서 기록하며 급격한 경제 발전을 이루고 있다. 그 한편으로는 티베트, 위구르와 마찬가지로 몽골족에 대한 숙청과 탄압의 역사가 존재하며, 대규모 항의 시위가 계속되고 있다. 소수민족 자치구가 품고 있는 빛과 그림자의 골은 깊다.

제5장 ㆍ ㆍ ㆍ ㆍ ㆍ ㆍ ㆍ ㆍ ㆍ ㆍ ㆍ ㆍ ㆍ ㆍ ㆍ ㆍ ㆍ ㆍ ㆍ ㆍ ㆍ ㆍ ㆍ ㆍ ㆍ ㆍ

# 중일 관계라는 문제

## 센카쿠 열도 국유화의 이면

필자가 중국 대사를 맡았던 기간은 약 2년 6개월이다. 취임 3개월 후인 2010년 9월, 센카쿠 열도 해역에서 중국 어선과 일본 해상보안청 소속 순시선이 충돌하는 사고가 발생했다. 이로써 중일 관계는 일촉즉발의 긴장 국면에 접어들었고, 필자는 그 한가운데에 있었다. 필자의 취임 기간은 이 센카쿠 문제로 시작해 끝났다고 할 수 있을 정도이다. 일단 사실 경과를 간단히 기록해보도록 하겠다.

이 충돌 사건이 양국 정상은 물론 국민에게도 중일 관계가 양국 발전에 불가결하다는 것을 깨닫는 좋은 계기가 되었음에 틀림이 없다. 중국과 일본에 새로운 국민감정이 싹트는 계기를 만들 수 있는 게 아닌가 하는 생각마저 들었다. 2012년 은 중일 양국 간 국교 정상화 40주년이 되는 해로서, 600개 이상의 사업 이벤트가 예정되어 있기도 했다.

그렇지만 2012년 4월, 당시 이시하라 신타로石原愼太郎 도지사가 미국 워싱턴의 강연에서 도쿄도의 '센카쿠 열도' 구입 계획을 발표한 것이 중국과 일본 간의 긴장도를 급작스레 높였다. 중국 각지에서 대규모 반일 시위가 발생해 폭도에 의한 약탈 행위로까지 발전했다. 8월 15일 홍콩에서 7명이 센카쿠에 상륙했다. 그로부터 약 2주 후에는 필자가 탄 공용차에 게양된 일본 국기를 강탈당하는 사건이 일어나, 양국 간의 알력이 단번에 가속되었다.

그러나 양국이 꼼짝도 할 수 없는 관계에 빠지게 된 계기는 2012년 9월 9일 러시아 블라디보스토크에서 개최된 아시아·태평양경제협력체APEC 이후의 정상회담이었다. 회의를 마친 노다 요시히코野田佳彦 일본 총리와 후진타오 중국 국가주석이 복도에서 이른바 '복도 회담'을 했다.

10여 분 동안 말을 주고받는 가운데 후진타오 주석은 센카쿠 열도에 대해 중국의 기존 주장을 반복하며, "일본은 사태의 중대성을 충분히 인식하고 경솔한 행동은 삼가기 바란다"라고 노다 총리에게 말했다고 한다. 이에 노다 총리가 어떻게 대답했는지는 밝혀지지 않았다.

다음 날 일본 정부는 "가급적 빨리 센카쿠 3도의 소유권을 취득한다"라고 발표했다. 센카쿠 열도의 국유화 관련 각의閣議 결정은 후진타오 주석과의 회담으로 촉진되었던 게 아니라, 그 이전부터 각의 의제에 들어가 있었다. 중국이 사전에 그 정보를 입수했는지의 여부는 알 수 없지만, 정상회담 직후 총리의 국유화 발표는 중국의 반일 시위를 격화시키고 일본계 기업이 차례로 습격당하는 사태를 초래했다.

사실을 말하자면, 센카쿠 문제에 대해서 양국은 2012년 7월 7일부터 대화를 나누어왔고 국유화 문제를 둘러싼 대화도 이어지고 있었다. 중국은 "11월에 중국공산당 대회도 있고, 대단히 큰 문제가 된다"라고 하며 국유화를 그만두도록 반복해서 호소했다.

"도都 구입 계획은 지사知事 한 사람의 발언에 지나지 않는다"라고 필자가 반복해서 말했지만, 중국은 "도쿄도가 나설 문제가 아니다. 왜 총리는 말리지 않는 것인가?"라고 압박해왔다. 필자도 중국의 의견에 공감하는 바가 있었지만, 그렇게 말할 수도 없었다. 결국 사무 수준에서 타협이 나지 않았고, 그 결과를 보고받은 후진타오 주석이 노다 총리에게 직접 의견을 말했던 것으로 보인다.

'복도 회담'에서 싸운 채 헤어지는 유치한 외교

중국인은 체면을 매우 중시한다. 또한 중국공산당은 오류를 범하지 않는다고 하는 무오류성에 의해 국민의 지지를 얻고 있다. 중국의 당일 뉴스는 후진타오 주석이 일본에 어떤 주장을 했는지에 대해 폭넓게 보도했다. 중국 대표인 후진타오의 주장을 무시하고 그의 얼굴에 먹칠을 하는 듯한 일본 정부의 대응에 중국이 격노했던 것이 틀림없다.

'복도 회담' 이튿날, 국유화 관련 각의 결정 선언을 들었을 때 필자는 경악했다. 중국인과 사귀어온 경험상 이는 어려운 사태에 빠진 것임을 알 수 있었다.

외교는 타이밍을 계산하지 않으면 안 된다. 국유화는 일각을 다투어 각의 결정할 만한 문제가 아니다. 결국 국유화한다고 해도 11월 중국공산당 대회 이후, 혹은 공동성명 40주년 이벤트가 끝나는 12월 이후에도 양국 국익에 그 어떤 영향도 미치지 않는다.

그것도 후진타오 주석의 요청 직후에, 직접적이든 간접적이든 주석 당사자에게 통고한 것도 아니고 사전 교섭도 전혀 없는 상태에서 갑자기 국제적으로 공표하는 것은 대체 무엇인가? 중국공산당 대회를 앞두고 장쩌민과 후진타오의 권력 투쟁으로 알려진 인사人事가 옥신각신한 때에 후진타오의 발을 잡아끄는 게 명백해 보이는 일을 하는 이유는 무엇이란 말인가?

필자는 발표 전날 각의 결정이 선언된 단계에서, 대사로서 외무성 본성本省의 적당한 상대에게 전화해 "발표를 왜 서두르는가? 중단하기 바란다"라고 요청했다.

중국 정상의 요청을 반드시 받아들일 필요는 없다. 그렇지만 일본의 국익을 고려해 중국 사정에 가장 정통한 대사가 중지 혹은 연기를 요구했던 것이다. 그렇지만 현장의 목소리는 반영되지 않았다.

일각을 다투듯이 국유화해야만 했던 이유는 도대체 무엇인가? 노다 총리는 특명전권대사特命全權大使인 필자에게 없던 정보가 있어서 결론을 서둘렀던가? 그것은 알 수 없다.

그러나 적어도 양국 정상이 싸운 채로 헤어지는 듯한 회담은 외교사外交史상 유례없는 일이 아닌가? 양국 정상의 회의를 설정했던 게 누구인가? 중국이 잡아서 일본도 수락했던 것인가? 혹은 일본이 잡았던 것인가? 일상적으로 정상회담이 있는 경우라면 반드시 어떤 형태의 협정 합의가 있을 터이다.

이런 핵심 문제에 대해 '복도 회담'을 하는 게 무슨 일이냐는 비판이 나오는 것은 당연했다. 어쨌든 대단히 유치한 외교라는 것은 틀림이 없었다.

### '영토를 양보하라'는 말은 한 마디도 하지 않았다

도쿄도의 센카쿠 구입 계획이 부상했을 때, 영국 ≪파이낸
셜타임스Financial Times≫ 인터뷰에서 필자는 "계획이 실행된
다면 중일 관계에 대단히 심각한 위기가 생긴다"라고 답했다.
이 말이 전해지자 일본 전체에서 '미중파媚中派', '친중파', '약
요弱腰 외교' 등 수많은 비판이 나왔다. '매국노'라는 표현마저
있었다.

"센카쿠는 일본 영토이다. 도쿄도가 구입해도 대외적 문제가
되지 않는다"라는 게 공식 견해이다. 그때 외무대신外務大臣[1]은
필자의 발언을 부정했고, 야당에서는 필자의 경질을 요구하
는 목소리가 부각되었다.

필자는 "심각한 위기가 생긴다"라고 말했지만 "영토를 양
보하라" 하고 발언한 적은 없다. "센카쿠를 구입한다면 중국이
맹렬히 반발하고 커다란 문제가 될 것이다"라고 현장의 분위
기를 반영해 경고했을 뿐이다.

센카쿠 열도를 위시로 한 영토주권은 국가주권의 근간과
관계가 있다. 센카쿠를 중국에 양보한다면 다케시마竹島[2]도

---

1 그 당시 일본 외무대신은 겐바 고이치로玄葉光一郎였다. __옮긴이 주
2 독도獨島를 지칭한다. __옮긴이 주

북방 4도도 양보하지 않으면 안 된다. 필자는 중국 외교부가 질려할 정도로 집요하게 "센카쿠는 일본 영토이며, 영토 문제는 존재하지 않는다"라는 일본 정부의 입장을 주장해왔다.

중국은 "당신만큼 일본 정부의 입장을 말하는 사람은 없다. 그러지 말아주기 바란다"라고 했다. 필자는 "중국이야말로 그렇지 않은가? 언제나 테이프 레코더 버튼을 누르고 있는 것처럼 같은 답이 되돌아온다"라고 회답했다. 그 반복이었다.

필자가 일련의 일본의 대응에서 느꼈던 것은 일본의 지적 知的 쇠퇴였다. 중일 관계가 위기에 빠진 사태 앞에서 현장을 대표하는 대사가 정부에 "위험하다"라고 경고한 것은 업무이자 책무이다. 그때 침묵하고 부추기는 것은 국익에 반한다.

필자는 이시하라 씨의 의견에 대해 찬성과 반대를 제창했던 게 아니라 "시기를 가늠해야 한다"라고 말했을 뿐이다. 그것은 필자에게 상식의 부류에 속한다. 그렇지만 학자와 비평가, 저널리스트 등 식자라고 일컬어지는 사람들로부터 필자의 입장을 옹호하는 언론은 결국 나오지 않았다.

필자의 의견은 곡해되었고, 그런 의견만 통용되었다. 그 누구도 반대 목소리를 내지 않았다. 오히려 미디어 등은 근거도 없이, 혹은 잘못된 정보를 토대로 필자를 비판했다. 그것은 역시 지적 퇴폐이다.

일본 자택에는 우익 단체로부터 협박 전화가 왔다. 필자가 베이징에 있는데 왜 일본 자택에 전화를 하는 것인가? 말하면 말할수록 더욱 여러 가지 일을 하는 사람들이라고 생각했기 때문에, 필자는 그 일에 대해 일절 언급하지 않았다.

일본 외무성의 간부는 필자에게 사죄할 것을 요구했다. 하지만 "말 같지 않은 소리하지 마라" 하고 딱 잘라 거절했다. 필자는 국익에 반하는 일은 그 어떤 것도 하지 않는다. 영토 문제에 대해서는 "1mm도 양보하지 않는다"라고 말했음에도 무엇을 사죄해야 한다는 말인가? 이 또한 어찌 되었든 사죄하고 일을 덮으려는 무사안일주의일 것이다.

중국에서 반일 시위가 일어나고 있는 것에 대해서는, 현장의 책임이며 이런 사태가 발생해 관계자에게 폐를 끼친 데 송구하다고 말했다. 그렇지만 필자는 자신의 주의主義를 바꾸거나 양심에 부끄러운 사과는 하지 않는다.

### 주재 일본인에게 다가오고 있는 위험

또한 실망했던 것은 일본의 매스 미디어였다. 중국 주재 각 신문사의 총국장總局長들과 만났을 때 이렇게 물었다.

"나에게 비판할 거리가 있다면 왜 직접 말하지 않는가?"

그러자 대부분 이런 회답이 돌아왔다.

"대사의 의견에 찬성하지만 그런 기사를 쓰면 본사 데스크에서 받아주지 않는다."

즉, 필자와 중국에 대한 악담이라면 게재되지만 거꾸로 필자와 중국을 칭찬하거나 지지하는 기사를 쓰면 누락된다고 했다.

대중에 영합해 중국에 대한 부정적 기사를 과잉 보도하는 것은 일본 미디어의 공통적 경향이다. 중국 관련 나쁜 기사는 크고 길게 쓴다. 반면 좋은 기사는 작고 짧게 쓴다. 어떤 국가도 크든 작든 하고 있는 일이다. 물론 중국 미디어도 자국에 좋은 것은 크게, 나쁜 것은 작게 쓴다. 그러나 예외도 있다.

예를 들면 중국의 영자 신문 ≪차이나 데일리China Daily≫는 필자가 "중국은 오만하다. 일본의 협력 없이 경제 발전 등은 있을 수 없다. 아마 일본을 따라잡으려면 20년은 걸릴 것이다"라고 비판한 것을 그대로 실었었다.

일본 광보보도관은 "그런 말을 하면 인터넷에서 마구 두들겨 맞는다"라고 필자에게 경고했지만, "사실이기 때문에 괜찮다. 두들긴다면 (우리도) 두들기면 된다"라고 상대하지 않았다. 결과적으로 필자의 발언을 비판하는 코멘트도 물론 있었지만, 필자가 말하는 것이 옳다고 지지하는 이들도 적지 않았다. 중국에도 양식파良識派는 있다.

필자가 대사로서 가장 고심한 것은 중국에 사는 일본인의 안전이었다. 대사관으로 다양한 것이 투척되었다. 필자가 지나다니는 길에는 유리 파편이 떨어져 있기도 했다. 그 당시 택시를 타면 "일본인? 내려!"라고 말하는 상황이 자주 있었다고 들었다. '돌연 습격당하는 것은 아닌가? 아이들이 괴롭힘을 당하지는 않을까?' 이런 생각을 하면서 중국에 살고 있는 일본인이 12만~13만 명이나 된다. 일본에 거주하는 일본인 대부분은 안전이 보장된 세계에서 살고 있지만 중국에서 생활하는 일본인은 그렇지 않다. 그들이 일본 정치가의 말 한 마디에 어느 정도로 가슴을 졸이고 있는지 알기나 할까?

중국뿐만이 아니다. 외국에 거주하고 있는 일본인에 대해 생각하는 것은 정치가로서가 아니라 일본 국민으로서 하나의 의무이자 책임일 것이다.

### 잘못된 타이밍

국유화 발표 이후, 중일 양국 간 국교 정상화 40주년을 기념하는 사업 600개가 대부분은 사실상 중지되었다. 중국과 일본이 관련된 다른 행사도 대다수 중지되거나 연기되어, 지금 그 상태는 기본적으로 변하지 않고 계속되고 있다. 경제계 교류, 청소년 교류, 지방 간 교류는 커다란 손실을 입었다.

국유화 발표 이래 중국은 중일 관계에 대해 "확실히 국면이 변했다. 차원이 다르다"라고 표현한다.

제1차 중일 공동성명이 발표되었던 1972년, 다나카 가쿠에이田中角榮 총리와 저우언라이 총리가 "센카쿠 문제는 서두르지 않는다. 현재 할 수 있는 것을 하도록 한다"라고 말을 나누었다고 한다. 그 합의가 부정되었다는 것은 양국 관계가 40년 전으로 되돌아갔다는 의미이다.

중국은 암묵적 이해 아래 센카쿠 열도는 일본이 실효적으로 지배하고 있다고 고려해왔음이 틀림없다. 그렇지만 정식으로 일본 정부가 국유화에 대해 언급하자 중국 국민에게 어떻게 설명할 것인가 하는 문제가 부상浮上하게 된다.

이제까지는 센카쿠 열도 해역에 중국 배가 오더라도 일본이 영해 밖으로 나갈 것을 요구하면 그렇게 되었다. 그렇지만 지금 중국은 자국민에게 "이것은 우리의 영토, 영해"라고 호소하고 있다. 이로써 쌍방이 자국의 영해라고 주장하며 서로 나가라고 요구하는 국면이 된 것이다.

양국의 교섭 창구가 닫혀 중국의 일본 대사관과 외무성 직원들은 중국 정부와 거의 만나지 못하게 되었다. 중국의 정부 관계 내방자來訪者뿐만 아니라 일본 내방자도 격감한 상황이 계속되고 있다.

물론 결과를 보고 비판하는 것은 간단하다. 하지만 그것은 무의미하다. 외교상 손실을 만든 국유화 발표 시기와 정상회담 내용에 대해서는 정부가 설명해야 할 책임이 있다. 곧 기회가 온다면, 당시 관계자가 국민에게 명확히 설명해야 한다.

외교에서는 타이밍이 대단히 중요하다. 일본을 둘러싼 국제정세를 살피며 유리한 곳에서 실행에 옮겨나가지 않으면 안 된다.

센카쿠 열도 국유화는 타당했는가, 아니면 그렇지 않았는가? 필자는 적어도 서두를 필요는 없었다고 생각한다. 그대로 방치해두면 둘수록 일본의 실효 지배가 굳어지는데, 손을 써서 그 전략이 무너져버렸다. 대단히 유감스럽다.

### '보류 합의'는 있었는가?

센카쿠 열도를 둘러싼 중일 관계의 현상과 긴장 관계를 어떻게 풀어가면 좋을지에 대한 기본적 사고의 틀을 제시해보도록 하겠다. 센카쿠 문제에는 영토주권 문제, 보류론 문제, 국유화 문제라는 세 가지 요소가 있다.

우선 영토주권 문제는 1mm도 양보할 수 없다. 이는 그 어떤 국가에서도 그러할 것이다. 역사상 영토주권 문제를 대화를 통해 평화적으로 해결했던 예는 필자가 아는 한 매우 한정적이다.

우선 핀란드와 스웨덴 간 영토 문제로 분쟁이 일어났던 북유럽의 올란드제도Landskapet Åland가 있다. 1921년 국제연맹

(니토베 이나조新渡戶稲造3가 당시 국제연맹 차장)의 중재로 멋지게 해결된 사례이며, 현재 양국에 의해 평화적으로 운영되고 있다.

또 한 가지는 유럽연합이다. 유럽 대륙에서는 백년전쟁 이래 400년이 넘도록 전쟁이 끊이지 않았는데, 프랑스와 독일 정상의 신뢰를 토대로 알자스로렌Alsace-Lorraine의 공동 개발이라는 정치적 해결이 도모되어 1951년 유럽석탄철강공동체 ECSC가 설립되고 이것이 유럽공동체EC, 유럽연합으로 발전했다.

인류는 영토 문제를 해결하는 데 전쟁 이외에 유효한 방법을 지금까지 고안해내지 못하고 있다. 과거 영토주권을 다툰 전쟁이 200회 이상이라는 이야기도 전해진다. 센카쿠 문제도 대화에 의한 양도와 매매, 또는 사법적 절차에 따른 해결은 어려울 것이다.

중일 양국 간 국교가 정상화된 1972년, 저우언라이와 다나카 두 총리 사이에 '센카쿠 보류'가 합의되었다고 중국은 주장한다. 일본의 센카쿠 국유화 이래 중국은 "센카쿠 열도의 국유화로 '보류'를 깨뜨린 것은 일본이다. 그렇다면 중국도 1972년 이전 상태로 돌아가서 영유권을 주장한다"라는 주장을 반

---

3 니토베 이나조(1862~1933): 일본의 정치가, 외교가, 사상가이며 국제연맹 사무차장 등을 역임했다. 주요 저서로『무사도武士道』등이 있다. ＿옮긴이 주

복하는데, 일본 정부는 '보류'의 존재를 인정하지 않는다.

중국은 일본의 센카쿠 국유화에 대해 이론異論을 제창하면서 '시효 중단' 같은 행동을 일으키지 않으면, 일본의 국유화가 기성사실이 되어버린다고 초조해한다.

영유 문제를 보류하고 후세에 맡긴다고 하는 '보류 합의'에 대해 양국 간에 유무 논의가 전개되었다. 그런데 이에 관한 일본의 외교상 공식 기록은 존재하지 않는다. 자민당自民黨의 노나카 히로무野中廣務[4]와 다나카가 이와 같은 취지의 발언을 했다고 전해지는데, 공식 의사록에는 일절 남아 있지 않다.

중국은 필자가 대사로 재임하는 기간에도 "증거가 있다"라고 주장했다. 그렇다면 증거를 보여주어야 할 것이다. 중국의 공식 의사록에 실려 있었다고 하더라도 일본이 서명을 하지 않았다면 증거가 되지 못한다.

증거가 있다고 한다면 기록을 개찬改竄했던 혹은 삭제했다고 말한 당시 외무성의 하시모토 히로시橋本恕 중국과장이 증언하는 수밖에 없을 것이다(유감스럽지만 2014년 4월에 사망했다). "삭제했다"라고 하는 문언이 없는 이상, 지금 정부는 "그것은 삭제했다"라고 말할 수 없다. 연기는 피어오르고 있지만, 확증

---

4 노나카 히로무(1925~ ): 일본 정치인으로 중의원 의원, 내각 관방장관官房長官 등을 역임했다. _옮긴이 주

은 없기 때문에 공식적으로 "없다"라고 말할 수밖에 없다.

중일 공동성명 이래 "보류 합의는 없다"라고 일본 정부는 표명한다. 40년 이상에 걸쳐 "없다"라고 해온 견해를 지금 와서 만일의 말이지만 "증거가 나왔다"라고 말한다면, 국제적 신뢰가 손상된다. 일본 정부는 절대 그런 입장을 취해서는 안 된다.

상상의 영역을 벗어나지 않지만, 저우언라이도 다나카도 "할 수 없다"라고 말했을 것이다. 이것은 이것대로 지혜로운 처사였다고 생각한다.

굳이 말하자면 중국은 1992년 영해 및 인접 구역법이라는 법률을 제정했다. 거기에서 "센카쿠는 중국 영토"라고 명문화했다. '보류'하고 있음에도 이렇게 쓴 것은 무슨 이유인가 싶다. 1996년에는 당시 이케다 유키히코池田行彦[5] 외무대신이 센카쿠에 대해 "일본 고유의 영토이며, 영토 문제는 존재하지 않는다"라고 발언했고, 그해부터 중국 배가 1년에 한두 차례씩 영해를 침범했다. 그로부터 조금씩 격화된 문제가 국유화로까지 발전하게 되었다.

---

5 이케다 유키히코(1937~2004): 일본 관료이자 정치인으로 도쿄대학東京大學 법학부를 졸업했다. 일본 중의원 의원, 방위청防衛廳 장관, 외무대신 등을 역임했다.
_옮긴이 주

## 동결이라는 선택

센카쿠 문제에 그치지 않고, 양국 관계는 향후 어떻게 하면 수복修復될 수 있을까?

시진핑은 필자와 만날 때마다 반복해서 "양국은 주소 변경이 불가능한 관계"라고 말했다. 서로 이웃 국가이다. 수십 년, 수백 년 계속해서 싸울 수는 없다. 역사를 보아도 사이좋게 지내는 것 이외에 다른 방법이 없다는 의미이다.

그리고 저우언라이가 남긴 "화합하면 이익이고, 다투면 손해"라는 유명한 말도 했다. 평화롭게 사귀면 양국에 득得이지만, 싸우면 실失이다. 어느 한쪽만 플러스가 되고 마이너스가 되는 게 아니다. 그러한 '운명 공동체'와 같은 관계에 있다고 수차례나 말했다. 이 말에는 거짓이 없다.

저우언라이는 1976년 사망해서 필자가 만난 적은 없지만, 장쩌민은 만났다. 시진핑은 물론이고 중국의 각 수장은 이런 기조를 갖고 있다.

그리고 일본 정부의 수뇌도 대국적大局的 견지에서 "전략적 호혜 관계를 발전시켰다. 1972년 제1회 이래 네 가지 공동성명의 진수眞髓·골자를 준수하고 양국 간의 호혜 관계를 발전시켜나간다"라고 공식적으로 견해를 공표했다.

그러나 양국 모두가 말하는 것도 하는 것도 이와는 완전히 반대이다. '싸우겠다면 해보자'라는 식으로 싸움의 씨앗을 뿌리고 있는 게 지금의 실제 상황이다. 서로 이웃 국가를 배려하지 않고 중국 배는 일본 영해에 들어오고, 일본 정치가는 자극적인 행동과 발언을 한다. 양국 수뇌 모두 가장 중요한 상대국을 방문하지 않고, 주변 국가를 빙빙 돌며 포위망 외교에 힘쓰는 상황이 계속되고 있다.

앞서 논한 것처럼 영토 문제에 정면 직구를 던져 끝내려고 하는 대화는 불모不毛이며 비생산적이다. 양국은 대국적大局的 견지에서 어떻게 하면 사이좋게 지낼 수 있을지 논의해야 한다.

그렇다면 어떻게 해야 할까? 영토 문제를 해결하는 '대화·매매', '사법', '전쟁'의 세 가지 방법이 모두 닫혀 있는 경우 남은 선택지는 한 가지뿐이다. 그것은 '보류'가 아니라 '동결'이라고 말하는 것이다. 중국과 일본 40년 역사에 걸쳐 네 가지 공동성명의 정신을 재확인하고 중일 관계의 현재 상황을 우선 동결해버리는 것이다.

야구 시합 도중에 큰비가 내렸다. 이때 야구를 중단하면 타임아웃이다. 타임아웃은 연기도 중지도 취소도 아니다. '중간 휴식'이라고 해도 좋다.

지금은 양국 모두 뜨거워져 흥분한 상태이기 때문에, 다소 냉각 기간을 두고 냉정해진 다음 다시 말하자는 것이다. 그것이 '동결'의 사고방식이다. 문제가 장기화되면 냉정해질 수 없다. 일본과 중국, 각 상대에 대한 국민감정이 굳어버린다.

40년도 더 전에 이루어진 조사에 의하면, 센카쿠 열도 부근 해저에 석유가 매장되어 있다고 하는데 정확한 실태는 파악할 수 없다. 그렇다 하더라도 개발에 막대한 비용이 든다. 그래서 센카쿠 문제는 일각을 다투는 테마는 아니다.

타임아웃을 취한 다음 그 사이에 무기는 절대 사용하지 않는다는 등의 위기관리, 자원 개발, 어업협정, 해난구조를 어떻게 할지 진지하게 대화하는 게 좋다.

그리고 다음과 같은 세 가지 교류를 가능한 한 일찍 재개하는 것이다. 첫째, 경제 교류를 촉진한다. 정치와 경제는 구분해 생각한다. 둘째, 청소년 교류를 즉시 개시한다. 셋째, 중국과 일본 간에 380여 개 자매도시끼리 협정이 체결되어 있다. 이들끼리 서로 교류할 수 있게 해준다.

## 일본 기업이 손해를 보지 않는 투자협정의 필요성

아베 총리는 일본에의 협력을 추구하며 여러 국가를 방문하고 있는데, 과거 10여 년간 중국이 아프리카와 라틴 아메리카에 실시해온 경제 지원과 비교하면 일본은 물량 공세에서 압도적으로 중국에 뒤처진다. 인적 지원을 보아도 10분의 1 정도이다.

세계 각국에 대한 지원에서 양적으로는 중국에 이길 수 없다. 그렇다면 일본의 존재감을 높이는 데 유효한 것은 명백히 소프트 파워soft power이다. 세계가 일본에 기대하는 것은 공장을 만들거나 구체적으로 어떤 물건을 지원하는 하드 파워hard power가 아니다.

중국은 무엇을 하더라도 놀라울 만큼의 크기와 양을 투입한다. 인민대회당을 보면 알 수 있듯이 일본인이 생각하는 10배 이상의 거대한 건물을 짓는다. 그 점은 한국도 비슷해서, 예를 들면 한국의 반도체 관련 투자액은 보통이 아니다.

'돌다리도 두드려보고 건넌다'라는 속담을 응용한 예화에서, 일본인은 돌다리가 파괴되지 않았는가 두드려보고 건넌다. 한국인은 돌다리가 파괴되었더라도 건넌다. 그리고 마지막은 필자가 만든 것인데, 중국인은 다리가 없어도 건넌다.

일본은 새로운 사업에는 신중하고 또 신중하다. 한국은 다소 리스크가 있어도 시도한다. 중국은 리스크를 고려하지 않고 목표를 향해 돌진한다. 이런 문화적 차이를 고려하면 한국, 중국과 물량으로 경쟁하는 것은 일본 같은 '소프트 파워' 국가에는 좋은 방법이라고 할 수 없다.

소프트 파워란 무엇인가? 그것은 과학기술이자 교육이며, 이를 기초로 한 안심, 안전, 신뢰할 수 있는 제품, 혹은 노동자의 질, 이와 같은 문화의 총체이다.

중국은 이런 일본의 소프트 파워를 추구하며, 일본 기업이 중국에 차례로 공장을 세우는 것보다 공장 핵심에 있는 기술과 교육을 바란다. 일본은 이런 소프트 파워로 세계에서 존재감을 높여가야 할 것이다.

　그렇다면 일각이라도 빨리 중국과 투자협정 및 지적재산 보호협정을 체결해야 한다. 불공평한 경제 환경 속에서 경쟁은 불가능하다. 일본 기업이 중국 기업과 동일하게 취급받는 투자협정을 체결한다. 지적재산 보호협정이 없다면 수십억·수백억 엔어치 일본 기술이 무상으로 쓰이고 도용되어도 손해배상을 청구할 수 없다.

　이런 기본적 경제 환경이 없는 곳에서 각 기업은 기술이전을 할 수 없다. 경제를 발전시키기 위해서 이와 같은 두 가지 협정의 체결은 필수적이며, 환태평양경제동반자협정TPP: Trans-Pacific Partnership[6] 이상으로 중요하다고 말할 수 있다.

　이미 한국, 미국이 중국과 교섭을 시작했다. 1년이 지나면 수십 보步가 늦는다. 정치는 일단 동결시키고, 세 가지 교류를 조금이라도 빨리 추진해야 한다. 이 정도의 일이야말로 양국

---

6 환태평양경제동반자협정: 아시아·태평양 지역의 경제 통합을 목표로 공산품 및 농업 제품을 포함한 전 품목의 관세와 지적재산권, 금융, 의료 서비스 등의 비관세 장벽을 철폐하고 자유화하는 것을 목적으로 하는 협정이다. 2014년 시점에서 미국, 일본, 호주, 싱가포르 등 12개국이 참여하고 있다. _옮긴이 주

수뇌가 만나 '복도 회담'을 해야만 하는 게 아닌가?

## 제3국에서 정상회담을 실현하자

중국과 일본, 한국과 일본의 수뇌가 직접 만나지 않을 뿐만 아니라 함께할 기회가 있어도 외면하는 현상은 세계의 상식에 반하는 진사珍事이며, 역사적으로도 이상한 사태이다. 외교상 예禮를 잃을 뿐만 아니라, 세계 각국으로부터 비웃음거리가 된다.

그렇다고는 해도 각각 양국의 수뇌가 현재 상황에서 "문을 열고 있다"(아베 총리의 발언)라고 해서 상대국을 방문하는 일은 생각할 수 없다. 그렇게 한다면 국가의 체면이 서지 않고 국민의 구심력을 상실할 것이라고 각국이 고려하고 있기 때문이다.

중일 정상은 상대국에서는 아마 만나지 않을 것이다. 그렇다면 어디에서 만나야 할 것인가? 제3국에서 만나는 게 좋다. G20이나 아시아·태평양경제협력체 등 정상 다수가 모이는 곳에서 만나는 것이다. 만나려고 생각하지 않아도 만나게 되기 때문이다.

만났을 때 "쉽게 해결할 수 없으므로 정치는 동결하자. 네 가지 공동성명 정신의 준수를 재확인하고, 우선 세 가지 일을 두고 교섭하자"라고 제의한다. 이 정도면 5분도 걸리지 않을 것이다.

즉시 효과가 나타나지 않아도 이 방법이 좋은 이유는 양국 국민이 보고 있다는 데 있다. 비밀리에 만나더라도 어쩔 도리가 없다. 양국의 각 수뇌가 우격다짐이 아니라, 대화로서 일을 해결하려고 한다는 자세를 매스 미디어를 통해 양 국민에게 알리는 것이 중요하다. 마음속으로는 증오하고 분해도 웃는 얼굴로 악수한다. 국가 대표가 그 정도 도량이 없으면 안된다.

이러한 기회가 없다면 중일 관계는 악화 상태를 넘어 경직상태에 빠질 것이다. 그것은 저우언라이가 말한 대로 양국에 엄청난 마이너스이다. 우리가 현재 정치에 요구하지 않으면 안 되는 것은 양국 수뇌가 제3국에서 가능한 한 일찍 만날 기회이다.

일본 기업에서 중국 국유기업으로의 납입納入이 이미 지체되었다. 중국 국유기업은 일본에서 납입을 그만두도록 지시하는 알림은 내지 않는 듯하다. 중국은 일본 이상의 관료주의 국가이기 때문에 상부의 안색을 살펴 자발적으로 반응하는 경향이 있다. 상사가 "그런 명령은 내지 않는다"라고 해도 부하가 과잉 반응을 한다.

정치의 정체停滯는 경제의 정체로 직결된다. 이런 상태는 양국 경제에 마이너스 효과를 확대하고, 국민 생활에도 악영향을 미칠 수밖에 없다.

## 센카쿠 열도 부전 서약을

필자가 만난 정치가 가운데 '일본과 중국은 전쟁을 해야 한다'라고 생각하는 사람은 일본에도 중국에도 1명도 없다. 오히려 "양국이 대국적大局的 견지에서 공존공영하고 사이좋게 지내야 한다"라는 의견을 공유하고 있다.

그렇다면 양국 수뇌가 이를 위해 노력하고 있는가? 전혀 그렇지 않다. 거꾸로 관계를 손상시키는 일만 하고 있다.

아베 총리는 '야스쿠니 신사' 참배를 위시해 중국이 혐오하는 일을 단행하고, 시진핑도 미국·한국과 가까이 지내며 일본을 고립 상황으로 내몰고 있다. 우인友人 관계에서도 부부 관계에서도 상호 노력하기 때문에 사이가 좋아지는 것이다. 이런 사정은 외교 관계에서도 마찬가지이다.

필자는 우선 양국 수뇌가 '센카쿠 열도 부전不戰 서약'을 주제로 대화하는 것이 좋다고 생각한다. 다른 주제에 발을 들여놓으면 정리될 것도 정리되지 않는다. '부전 서약'만 이야기한다. 즉, 이 건에 대해서는 결코 무기를 들지 않도록 약속하는 것이다.

"무기는 사용하지 않는다." 어쨌든 이것만으로 충분하다. 그 이후는 위기관리에 달려 있다. 우발적 문제가 일어났을 때, 무기를 사용하지 않도록 직접 연락할 수 있는 채널을 확보한다. 혹은 그렇게 하기 위해 어떻게 협의하면 좋을지를 검토한다.

우리는 상상하지 않으면 안 된다. 센카쿠 열도 해역에서 양국 선박은 서로의 해상 경계선으로부터 수십 미터밖에 떨어지지 않은 채 항해하는 긴장 상태에 놓여 있다. 선원들은 상대가 언제 위해를 가해올지 알 수 없어 공포에 떨고 있다.

제1차 세계대전은 유럽에 식민지 쟁탈의 분위기가 만연했을 때, 사라예보에서 울린 총성 한 발로부터 시작되었다.

이렇게 한 사람의 광인적 행위가 전쟁의 도화선이 되는 경우가 많다. 인간이 언제 그런 비합리적 행동을 할지는 그 누구도 알 수 없다. 센카쿠 열도에서만큼은 전쟁이 일어나지 않을 것이라고 그 누가 말할 수 있을까? 전쟁이나 분쟁 상태에서 '필요 최소한' 등은 시시한 소리이다. 만약 선원 누군가가 총에 맞는다면 양 국민은 어떻게 반응할까? 한번 총을 들면 싸움은 계속될 것이다. 그럴 가능성이 없다고 말할 수 없다.

세계는 중국에 의외로 호의적이다

　중일 관계 악화의 근저에는 어떤 요인이 잠재되어 있는 것
일까? 우선 자료 하나를 살펴보자.

　2013년 워싱턴에 있는 '퓨 리서치 센터Pew Research Center'가
39개 국가 및 지역에서 미국과 중국에 대한 호감도 조사를 실
시했다. 이 싱크탱크는 ≪월스트리트 저널Wallstreet Journal≫ 부
편집장을 중심으로 존 댄포스John Danforth 전임 유엔 대사와
매들린 올브라이트Madeleine Albright 전임 미국 국무장관 등이
운영하는 비영리 기관이다.

　이 조사는 자국에게 상대국이 적인지 아군인지를 묻는 것
이었다. 조사 결과에 따르면 미국을 '아군'으로 느끼는 사람
은 압도적으로 많았다. 그리고 중국을 '적'으로 보는 사람은
의외로 적었다. 즉, 중국에 대한 세계의 호감도는 일본이 생
각하는 것 이상으로 좋았다.

　그런데 일본에서 중국을 '아군'으로 느끼는 사람은 5%밖에
없었다. 이에 반해 중국을 혐오하는 혐중파嫌中派는 95%였다.
중국을 아군으로, 혹은 호의적으로 느끼는 일본인은 세계에
서도 두드러지게 적다.

　미국과 유럽은 40~50%, 라틴 아메리카와 아프리카는 60~
70%로, 그리고 높은 경우에는 80% 정도가 중국을 호의적으

로 보고 있다. 이런 시선에는 중국의 기술, 소프트 파워를 존경하는 측면도 있다. 그만큼 중국은 각국에 진출해 경제 지원을 하고 있다. 과거 일본의 소니Sony와 파나소닉Pananosic 같은 위상인 것이다.

한편 향후 30~40년간 세계 인구가 70억 명에서 93억 명으로 증가할 것으로 예측되고 있다. 현재 아프리카에는 53개국, 약 5000개 부족이 있다. 증가하는 23억 명 가운데 10억 명이 아프리카 인구이다. 라틴 아메리카도 같은 상황이다.

앞으로 세계에서 가장 인구가 증가할 것으로 여겨지는 아프리카, 라틴 아메리카에서 중국의 존재는 미국에 필적할 만큼 커지고 있다. 또한 18~29세의 중국에 대한 호감도가 50세 이상에 비해 격차가 상당히 높다. 젊은 층이 중국을 호의적으로 느끼고 있다. 이것은 일본의 인식과 괴리가 있다.

일본과 중국은 가깝기 때문에 더욱 어려운 관계이다. 과거의 역사도 있다. 한국과의 관계도 그러하다. 일본이 우선 인식하지 않으면 안 되는 것은, 일본인은 당연하게 여기는 '혐중嫌中', '증한憎韓' 경향이 국제적 시각에서는 상당히 커다란 차이를 보이고 있다는 사실이다. 국제사회에서 일본이 특수한 위치에 있다는 것을 알아야 한다.

40년 전에는 일본인 70~80%가 중국을 호의적으로 보았고 중국도 일본에 호의적이었다. 그랬던 상황이 어디에선가 역전되었다. 현재는 전후 최악의 수치가 나오고 있다.

중일 관계의 악화를 배경으로 "중국인이 싫다"라고 아무렇지도 않게 입에 담는 일본인도 두드러졌다. 이런 사람들은 필자를 '중국경도中國傾倒'라고 비판한다. 그렇지만 필자의 입장은 '애국친중愛國親中'이다. '친중' 이전에 '애국'이 우선하는 것은 당연하다.

반복하는 말이지만 일본인이면서 일본의 국익을 고려하지 않는 사람은 없다. 중국과 전쟁하는 편이 일본 국익에 득得이 된다면, 또한 이길 수 있는 전쟁이라면 전쟁도 불가능한 것은 아니다.

그런데 국익이란 국민이 행복해지는 것이다. 전쟁으로 국민이 행복해진 전례는 없다. 따라서 무기를 취하지 않고 서로 사이좋게 지내는 것이 일본의 국익으로 양국 국민의 행복으로 연결된다. 유감스럽지만 이런 생각을 이해하지 못하는 일본인이 증가하고 있다.

이웃 나라끼리는 세계 어디에서도 잘 풀리지 않는 일이 많다. 조금만 움직여도 팔꿈치로 치게 된다(피해를 주게 된다). 지리적으로 가깝고 역사적으로 교류가 있기 때문에 이해할 것이라고 여기는 응석 부리기가 서로에게 있다. 따라서 분쟁이 일어난다. 친한 사이에도 예의는 지켜야 한다. 거리가 가깝기 때문에 서로가 예의 바르게 하지 않으면 안 된다.

## 사라지지 않는 전쟁의 이미지

필자는 베이징 주재 시절, 국민 저류에 있는 감정이 중일 관계를 좌우하는 데 몹시 큰 비중을 차지한다는 점을 느꼈다.

국민감정은 하루아침에 만들어지지 않는다. 장기간에 걸쳐 형성되며 간단히 변하지 않는다. 100년 혹은 그 이상이 걸릴지도 모른다. 또한 국민의 마음 저류에 있기 때문에 발화점에 도달한다면 확 타올라 확산된다. 이는 필자의 체험으로부터 말할 수 있는 것이다.

중국에 가기 전에는 이 문제를 그다지 심각하게 여기지 않았다. 장기간에 걸치지 않더라도 교류를 거듭하면 상호 국민감정은 서서히 개선될 수 있는 것이라고 생각했다. 그렇지만 일은 그렇게 간단하지 않았다.

필자는 중국공산당 중앙정치국 위원과 상무위원 가운데 친한 사람이 상당수 있다. 5년 후 '차이나 세븐'에 들 것으로 확실시되는 중앙정치국 위원들과 일대일로 대일對日 감정에 대해 솔직한 이야기를 나눈 적이 있다.

2012년 '센카쿠 국유화' 문제 이래, 일본의 외교 관계자는 중국 요인 대부분과 만날 수 없는 상태가 되었다. 대사와 국장급은 물론 공사급도 마찬가지 상황이었다.

이것은 중국의 대단히 나쁜 측면인데, 문제가 한 가지 일어나면 모든 회의를 중지하거나 연기한다. 또한 상황이 나쁘면 있어도 없는 것 같이 꾸며 만남 자체를 완전히 거부한다. 의사소통 수단이 없어져 버리는 것이다.

필자는 경제인으로서 30~40년간 중국과 사귀어왔기 때문에 특별히 중국 요인과 만날 수 있었다. 누구도 데려와서는 안 된다, 국기를 걸지 않는다, 누구와 만났는지 외무성이나 미디어에 말하지 않는다 등을 약속했다. 요인의 이름은 말할 수 없지만 필자의 우인友人은 비교적 일본을 이해하는 편이고, 친일가親日家에 가깝다. 그는 통절히 말했다.

"나는 일본을 결코 싫어하지 않으며, 이해도 하려고 한다. 그러나 자신의 동포와 가족이 살해되고, 유체遺體가 일본의 전차에 치인 이미지는 잊기 어렵다. 잊었다고 말하더라도 간단하게 잊히지 않는다. 그리고 어떤 일이 일어날 때, 그 이미지가 되살아난다. 그러한 점을 잊지 않았으면 한다."

제2차 세계대전 당시, 그는 아직 어렸거나 태어나지 않았을 지도 모른다. 그가 필자에게 말했던 것은 실제 체험이 아니라 양친과 친족에게 들었던 말, 혹은 학교와 영화에서 알게 된 말일 것이다.

이와 비슷한 말은 그에게뿐만 아니라 상무위원급의 더욱 젊은 사람으로부터도 들었다. 물론 반일 교육의 영향 때문이겠지만 중국인의 마음속 깊은 곳에는 일본에 대해 그런 이미지가 있는 한, 반일 감정은 사라졌다고 해도 사라진 것이 아니다. 무언가를 계기로 그 이미지에 불이 붙으면 반일 운동으로 불타오르는 것이다.

필자가 대사로서 중국에 머물렀던 3년 반 동안, 지방에 가 보면 각 성省에 반드시 텔레비전 방송국이 있었다. 그곳에서 보내는 영상에서 일본인은 군모를 쓰고 긴 칼을 들었고, 중국인을 살해하고 스파이를 고문했다. 그 외의 일본인은 거의 나오지 않았다. 최근에는 악랄한 일본군이 나오는 중국 영화도 적지 않은데, 이런 현상에는 일본인에 대한 이미지가 뿌리 깊다.

당연히 필자의 지인은 그러한 영향을 받았다고 생각한다. 중국인은 센카쿠 열도라는 말에는 반응하지 않지만 일본군, 자위대, 군인과 관계되는 이름을 들을 때면 군모와 장검의 이미지가 떠오른다고 한다.

필자는 베이징에서 중국 간부에게 일본군의 잔학무도함을 묘사하는 영화, 드라마에 대해 수차례 걸쳐 불만을 토로했다.

"중국은 중일 우호를 말하지만, 텔레비전에서 그런 영상을 흘려보낸다면 우호도 그 무엇도 있을 수 없다."

"중앙이 명령해서 만들어지고 있는 게 아니다. 지방이 마음대로 하고 있는 이상 우리는 언론을 통제할 수 없다."

"그 말은 거짓이다. 중국은 언론을 통제하고 있지 않은가? 그런 프로그램을 중단하지 않으면 중일 우호에 지장을 준다."

대화는 언제나 평행선이었다.

## 중국은 전승국이라는 세계적 인식

종전 직전에 필자는 유치원(보육원) 아동이었다. 미군 B-29 폭격기가 저공비행으로 폭격을 퍼부어 길가에 촛불을 세운 것처럼 소이탄燒夷彈이 불타올랐다. 그 길 사이를 누비고 도망쳐서 방공호로 들어간 모친이 방공호 입구의 불을 필사적으로 끄고 있었던 모습이 지금도 눈에 선하다.

더구나 눈앞에서 사람이 살해되고, 사체 위로 전차가 달리는 모습이 사라지지 않는다. 유감스럽지만 이런 이미지가 사라지려면 백 년은 걸릴 것이다. 거꾸로 만약 일본인이 이런 상황이라면 어떤 감정일지 상상해보자. 중국인의 국민감정 저변에 이런 감정이 존재한다는 것을 일본인은 잊어서는 안 된다.

한편 앞서 논한 바와 같이, 일본의 중국에 대한 감정도 악화되고 있다.

제2차 세계대전에서 '중국은 전승국이고 일본은 패전국이다', '일본은 중국에 졌다'라고 알고 있는 일본인이 얼마나 될 것인가? 미국이 떨어뜨린 원자탄과 선진국의 에너지 봉쇄 등으로 일본이 졌다고 생각하는 사람이 대부분이 아닌가?

따라서 미국에는 원려遠慮하더라도 중국에 대해서는 '일본은 중국에 졌던 게 아니다'라고 여기는 일본인이 많지 않은가 추측한다. 특히 연배자年輩者 가운데에는 지금까지도 중국인을 멸시하는 이가 적지 않다.

지난날에 요인이었던 90세 가까운 노인에게 "예전에 중국인과 한국인을 어떤 눈으로 보았는가? 이등 국민이라고 생각한 것은 아닌가?"라고 묻자, "그렇게 말한다면 그렇다. 멸칭蔑稱으로 불렀다"라고 답했다.

필자도 어렸을 때는 그들에 대한 멸칭의 노래와 말을 몇 차례나 들었다. 일본인은 그런 기억에서 지금도 벗어날 수 없다. 그 노인은 "한국도 마찬가지이며, 일본에 대한 열등감을 벗을 수 없다. 따라서 일본이 잘난 체하면 맹렬히 반발한다"라고 기세 좋게 말했다.

한편으로 중국인은 패전국인 일본이 조금도 진심으로 사죄하지 않는다고 느낀다. 중국을 침략해 제멋대로 굴었음에도 사죄에는 건성이라고 생각한다. 양국 간에는 사실 인식에도 국민감정에도 지금까지 커다란 간격이 남아 있다.

명확히 기록하자면 일본은 무조건 항복했던 패전국이다. 일본은 '분할통치'되어도 도리가 없는 상황이었다. 같은 패전국인 독일은 미국, 영국, 소련, 프랑스에 의해 분할통치되었다. 실제로 일본을 미국, 영국, 소련, 중국 4개국이 분할통치한다고 결정했어도 불평할 수 없었을지 모른다. 전쟁에 지는 것은 그렇다.

'동서 냉전' 아래에서 일본을 교두보로 공산주의 세력의 확장을 막고자 했던, 미국을 위시한 자본주의 세력이 있었기 때문에 현재의 일본이 있다. 그들이 없었다면 중국과 소련에 분할통치되었을지도 모를 일이다. 이런 역사적 배경을 잊어서는 안 된다. 과거 패전의 경험이 없는 일본은 무조건 항복하는 패전국이 얼마만큼 비참한지 실감할 수 없었던 것이다.

중일 관계를 고려하려면, 역사적 사실에 기초해 양국 국민이 서로에게 갖고 있는 국민감정의 낙차를 자각하는 것으로부터 출발하지 않으면 안 된다.

### 일본인을 만난 적이 없는 중국인이 98%

한 조사에 의하면 일본인을 만난 적이 없는 중국인이 98%라고 한다. 일본인을 만난 적이 있는 2%는 약 2800만 명이다. 일본에 오는 관광객은 연간 340만~350만 명이기 때문에 10년이 걸려도 3500만 명이다. 중국 인구에 비하면 미미하다.

중국인 대부분은 일본인을 만난 일이 없고, 일본어를 들어본 적도 없다. 대학에서 학생들과 이야기를 나눠보면 "센카쿠 따위 알지 못한다. 흥미가 없다"라고 말하는 젊은이도 많다.

중국인 대부분은 센카쿠 문제를 모르며, 알고 있다고 해도 자신과는 관계가 없다고 생각한다. 중국 전역에서 센카쿠 문제를 주시하고 있다고 생각하면 큰 오산이다.

이런 사람들에게 "일본을 이해하면 좋겠다. 사이좋게 지내자"라고 말하는 것도 무리이다.

우호 관계를 구축하기 위해서 우선 필요한 것은 있는 그대로의 상호 모습을 보여주는 것이다. 70년 전 군복 차림의 일본인이 아니라 경제가 성장하기 전의 중국인이 아니라, 현재를 살고 있는 양국 국민이 어떠한 모습이고 어떤 생각을 하고 있는지를 서로 아는 것이다.

특히 다음 세대를 담당할 청소년 간의 교류가 중요하다. 일본과 중국의 교류 사업에 참가했던 후진타오와 리커창은 젊었을 때 일본을 방문함으로써 일본에 대한 이해를 심화시켰던, 이른바 친일파이다.

중국에 현재 일본을 알리는 데 큰 공헌을 하고 있는 이들은 일본국제협력기구의 공적개발원조ODA 자금으로 일본에서 중국으로 파견된 20대 남녀 자원 봉사자이다. 이 중 여성이 과반수이고, 2~3명이 중국 각 성省에 2년간 머무르면서 일본어 교육, 의료, 개호介護, 식림植林 등에 진력한다. 이들의 활동에 필자는 진심으로 머리를 숙였다.

일본으로 돌아온 자원 봉사자들을 대사관에 초청해 현지

상황을 들었다. 그들이 그곳을 떠날 때 현지 중국인들은 이별을 애석해하고 눈물을 흘리면서, "다시 와 달라" 하고 말했다고 한다.

"일본인을 본 건 당신이 처음"이라고 말하는 중국인이 대부분이다. 일본인이 얼마나 성실하고 우수한가? 만나고 경험한다면 일본에 대한 중국인의 감정은 서서히 변할 것이다.

충칭을 방문했을 때, 그 지역의 야구 코치였던 일본인 젊은이를 만났다. 공과 유니폼이 없다는 이야기를 듣고 필자는 사비를 털어 기부했다. 그 젊은이처럼 중국을 위해 열심히 노력하는 것이 긴 안목으로 본다면 결국 일본을 위한 것이다. 그런 사람들에게 필자가 거는 기대는 크다.

필자에 대한 비판 가운데 "친중파인 니와 대사는 중국에 지원하는 공적개발원조를 증가시키자고 말한다"라는 지적이 있었다. 이는 오해이며 오보이다. 필자는 "증가시켜라" 하고 말하지 않았다. "조금 있는 금액을 줄여서는 안 된다"라고 말했다. 일본에 대해 더 좋은 이미지를 남기는, 일본 청년들의 중국 파견은 결국 일본의 국익이 된다. 늘렸으면 늘렸지 줄여서는 안 된다.

그 자원 봉사자들이 중일 우호를 위해 어느 정도의 땀을 흘렸는가? 그들의 활동에 대한 보조금은 1인 연간 200만 엔도 되지 않는다. 일본 정부는 그 예산마저도 삭감하고, 과거 100

명에 조금 못 미쳤던 자원 봉사자를 40여 명으로 감축했다. 과연 그 조치가 국익에 연결되는 시책이었을까?

## 양보와 겉치레는 물론 필요 없다

필자는 이제까지 30년 이상 중국 각지를 돌아다니며 많은 중국인과 사귀어왔다. 그리고 일본인과 중국인 모두 같은 인간이며, 그 무엇도 변하지 않는다는 것을 알았다.

상대와 신뢰 관계를 구축하는 요령은 거짓말을 하지 않는 것이다. 속인다면 그곳에서뿐인 관계로 끝난다. 거짓말을 하지 않는 것은 인간으로서의 예의이다. 상대가 최고 지도자이든 요인이든 그 점에서는 그 무엇도 변하지 않는다.

일본인끼리라면 표정 읽기와 이심전심以心傳心이 통하지만, 중국에서는 생각을 확실히 주장하지 않는다면 내 입장이 전달되지 않는다. 필자는 이제까지 확실하게 일본의 입장을 주장해왔고 자신의 생각도 표명해왔다. 그것에 대해서 상대방은 말한다.

"나는 당신의 생각에 찬성하지만, 당신의 생각으로 이만큼의 (방대한) 국토를 다스릴 수는 없다. 중국을 다스리는 데는 중국의 방식이 있다."

"알았다. 시기가 온다면 다시 그 이야기를 하자. 그동안 중국의 국내 문제에 대해 나는 이렇다 저렇다 말하지 않겠다."

이런 식으로 상호 입장을 존중하는 데서부터 인간관계가 성립된다. 겉치레만 잔뜩 말하면, '이 자는 신용할 수 없다'라 는 인상을 주고 만다. 격식만 차리고 있으면 진의眞意는 전달되지 않는다. "그렇다면 의사록에 기록하지 않고 조금 이야기하자"라고 말하는 장場도 필요한 것이다.

예를 들어 요인 1명과 신뢰 관계를 쌓는다면 그 평판이 주변으로도 상부로도 전해진다. "그 대사는 경계를 풀고 말해도 괜찮다"라는 평가가 전달되면, "그가 괜찮다고 말한다면 나도 만나보겠다"가 된다. 그것은 일본 사회도 중국 사회도 모두 마찬가지이다.

센카쿠 문제가 초점이 되고 있을 때 중국 외교부의 간부와 말할 기회가 있었다. 영국에서 유학했고 유럽에서 대사를 지냈으며 영어를 구사할 수 있는 인물이었다. 그 간부는 이렇게 필자를 비난했다.

"공산당원도 아니면서 언제 만나도 같은 말을 한다. 그만 두면 안 되겠는가?"

"당신이기 때문에 그렇다. 나는 언제 만나더라도 테이프 레코더같이 똑같은 것을 반복한다. 영토 문제에 대해서는 양보할 수 없다. 당신이라도 양보하지 않을 것이다. 같은 이야기를 반복하고 있기 때문에, 말을 해도 소용이 없다. 나는 센카쿠 문제 말고는 같은 것은 말하지 않았다."

앞에도 소개했던 대화 내용이다. 여기에 더해 이번에는 또다시 같은 말은 서로 하지 않기로, 영토 문제는 이야기하지 않기로 하고 식사 약속을 잡았다.

식사 자리에 그 간부는 1주일 후 결혼하는 딸의 약혼자를 데리고 왔다. 불운하게도 그날 중국 어선이 센카쿠 열도 해역을 통항했다는 소식이 대사관에 날아들었다. 일본 정부에서 "중국 정부에 항의하라" 하고 지시가 들어왔다. 모처럼 만의 간담懇談을 위한 장場이었지만 항의하지 않을 수 없었다. 상대가 비난을 했고, 언쟁이 시작되었다.

"오늘 센카쿠 문제는 언급 안 하기로 약속하지 않았는가?"

"그렇다고 해도 일본 영토에 들어온 쪽이 이상하지 않는가?"

"그렇다면 나도 말하겠다."

같은 대화가 한동안 반복되었고, 결국 "오늘은 이제 그만 둡시다"라고 선을 그었다. 그다음부터 정식으로 식사를 하면서 친하게 이야기를 나누었다.

일본과 중국은 정치체제도 사고방식도 다르다. 각자 입장을 주장한다면 타협할 수 없고, (상대방에게) 내 상식대로 하라고 말하는 것은 무리이다.

"당신과 내가 이야기해도 해결은 되지 않는다. 해결할 수 없는 것에 대해 말한다면 별 도리가 없다. 그렇다면 우리가

할 수 있는 것은 없는가?"

이런 식으로 서로 이해할 수 있는 것부터 시작하면 좋다. 아베 총리도 시진핑 국가주석도 "우리가 할 수 있는 것은 없는가?"라고 말하기 바란다. 신뢰 관계는 양보하거나 공치사를 늘어놓는 것으로 구축되지 않는다. 물론 선물을 들고 가는 것도 방법이 아니다. 대화도 하지 않기 때문에, 상대가 진심으로 그렇게 말하고 있는 것인지 알 수 없는 지경은 아닌가? 중일 양국의 수뇌에게는 그런 인식이 결여되어 있다.[7]

---

7 최근 중일 관계에 관한 내용과 논의에 대해서는 다음을 참고하기 바란다. 다카하라 아키오高原明生·핫토리 류지服部龍二 엮음, 『중일관계사, 1972~2012日中關係史, 1972~2012』, 第1卷 政治(東京大學出版會, 2012); 고쿠분 료세이國分良成·가와시마 신川島眞 외, 『중일관계사日中關係史』(有斐閣, 2013); 아마코 사토시天兒慧, 『중국과 일본의 대립: 시진핑 시대의 중국 읽기』, 이용빈 옮김(도서출판 한울, 2014). __옮긴이 주

# 안전보장이라는 문제

## 중일 공동성명을 둘러싼 국제정세

중국을 논할 때 중일 관계만 보더라도 외교의 전체상全體像
은 파악할 수 없다. 특히 글로벌 시대를 맞이해 앞으로 중일
관계는 세계 정치·경제 상황의 상관관계에서 고려할 필요가
있다.

진정한 글로벌화란 국제적 정치·경제 상황을 의식하면서
'세계 속의 일본', '세계 속의 중국'을 의식하는 것이다.

이런 지정학적 견해와 함께 중요한 것은 역사적 고찰이다.
과거로부터 현대에 이르는 시대의 추세를 파악한다. 그와 같
은 시각에서 현재 중일 관계가 생겨난 시대 배경을 재고해야
한다.

예를 들면 전후 중일 관계의 방향성을 결정지었던 1972년 제1차 중일 공동성명은 당시 국제정세 아래에서 처음으로 실현되었던 역사적 성과였다.

공동성명에 이르는 국제정세의 발자취를 살펴보면, 우선 중국과 소련의 대립이 있다. 1956년 제20차 소련공산당 대회에서 니키타 흐루쇼프Nikita Khrushchev가 처음으로 스탈린을 비판하며, 서방국가들과의 '평화공존 노선'을 채택했다. 동서 냉전 아래 중국을 이끌고 있던 마오쩌둥은 소비에트 정권의 우경화라고 맹렬하게 비판했고, 중국과 소련 간의 이념 논쟁이 발생한다.

필자가 중요시하는 것은 소련이 원자폭탄에 관한 기술공여협정을 파기하고 중국에 파견했던 기술자를 1960년 전원 철수시킨 것이다. 1961년 유리 가가린Yurii Gagarin 소령이 세계 최초의 유인有人 우주 비행에 성공했기 때문에 소련은 기술적·경제적으로 자국 국력에 자신이 있었을 것이다. 중국은 이후 독자적으로 원자폭탄 개발을 추진했고 1964년 첫 원자폭탄 실험에 성공했다. 중국과 소련의 관계는 거의 단절 상태에 빠졌다.

1962년에 일어난 중국과 인도의 국경분쟁에서 소련은 인도에 무기를 원조했다. 중국에서 문화대혁명이 첨예해진 1969년에는 결국 중국과 소련 간에 국경 문제를 둘러싸고 대규모

군사 충돌이 발발했다.

중국은 소련이라는 동맹국을 잃고, 북한을 제외하면 사면 초가四面楚歌 상황에 빠져 1971년 유엔에 가입한다. 이때 헨리 키신저Henry Kissinger 미국 대통령 '보좌관'이 극비리에 중국을 방문했다.

서방의 수령首領인 미국은 베트남전쟁에 개입해 진흙창 전투를 치른 결과 베트남에서 '명예로운 철수'를 모색하는 가운데, 리처드 닉슨Richard Nixon 대통령이 1972년 베이징을 전격 방문해 세계를 놀라게 했다. 한국전쟁 이래 미중 관계는 악화되었지만, 중국은 소련과 대립이 심화되자 서방의 접근에 문을 열었던 것이다.

### 다나카 가쿠에이의 영단

그때 일본은 어땠을까? 1956년의 『경제백서經濟白書』에서 "이미 전후가 아니다"라고 기록한 이후, 맹렬한 기세로 경제 성장을 이룩한 일본의 국력을 중국도 인식하기 시작했다. 총리에서 퇴임했던 이시바시 단잔石橋湛山[1]이 1959년 다카하시 가

---

1 이시바시 단잔(1884~1973): 일본 언론인이자 정치인으로 제55대 일본 내각 총리 대신 등을 지냈다. _옮긴이 주

메키치高橋亀吉[2]와 함께 방중해 저우언라이와 수차례 회담을 했다. 그 이후 중국과 일본 간에 정치 및 경제를 중심으로 이후 공동성명의 골자가 되는 '이시다카石橋 3원칙'에 합의가 이루어졌다.

1962년에는 전임 통산대신 다카사키 다쓰노스케高碕達之助[3]가 랴오청즈廖承志[4]와 'LT 무역' 각서(중일 장기종합무역에 관한 각서)에 조인했다. 'LT'는 양국 대표자의 두문자頭文字이며, 각서에는 다음과 같이 명기되어 있다.

쌍방(랴오청즈와 다카사키—필자 주)은 장기종합무역을 발전시키는 데 동의했다. 즉, 1963~1967년을 제1차 5개년 무역 기간

---

2 다카하시 가메키치(1891~1977): 일본의 저명한 경제 평론가이자 경제사 연구자이다. 주요 저서로 『일본자본주의 발달사日本資本主義發達史』(1929) 등이 있다. _옮긴이 주

3 다카사키 다쓰노스케(1885~1964): 일본의 정치인이자 실업가實業家로서 일본 중의원 의원, 경제기획청 장관, 통상산업通商産業 대신 등을 역임했다. 1962년 일본의 방중 경제사절단 단장으로서 베이징을 방문해 중국의 랴오청즈와 회담하고 '중일 장기종합무역에 관한 각서'에 조인했다. 이를 통해 중일 국교 정상화가 실현되는 데 크게 이바지했다. _옮긴이 주

4 랴오청즈(1908~1983): 광둥성 후이양현惠陽縣 출신으로 일본 와세다대학과 소련 모스크바중산대학中山大學에서 유학했다. 1958년 중화인민공화국 국무원 외사판공실外事辦公室 부주임, 1963년 중일우호협회中日友好協會 회장을 역임하며 중일 관계의 회복과 발전에 기여했다. _옮긴이 주

으로 설정하고, 연간 평균 수출입 거래 총액을 약 3600만 영국 파운드로 하도록 요망要望했다.

1. 쌍방의 주요 수출품은 다음과 같다.

(1) 중국: 석탄, 철광석, 대두大豆, 옥수수, 두류豆類, 소금, 주석, 기타.

(2) 일본: 강재鋼材(특수강재 포함), 화학비료, 농약, 농업기계, 농구農具, 플랜트, 기타.


정부 보증 융자를 이용한 반관반민半官半民 무역 형태인 'LT 무역'은 최고 전성기에는 중일 무역 총액의 약 절반을 차지했다. 그 당시 중국은 소련의 경제 지원 아래 160건이나 되는 공동 프로젝트를 실천했다. 소련이 지원해주지 않을 경우, 중국은 자력으로 경제를 발전시켜야만 했다. 그때 일본의 경제 지원과 공적개발원조는 반드시 필요했다.

이러한 국제정세 아래, 저우언라이는 중국을 방문한 다나카와 중일 공동성명을 발표했다.

지금 생각하면 다나카가 국교 정상화를 도모한 것은 영단英斷이었다. 저우언라이와 마오쩌둥은 성명 발표로부터 4년 후인 1976년 사망했다. 다나카는 중국공산당 창시자 2명이 살아 있을 때, 일본에 대한 '전쟁배상 청구권'을 중국으로 하여금 방기放棄시키도록 했다. 이 기회를 놓치면 거두巨頭 2명이 사망한 이후, 일본에 대한 배상청구권 행방이 어떻게 될지 알 수 없었다.

중국과 국교를 정상화하게 될 경우, 타이완과 단교하는 선택지는 피하기 힘들었다. 그런데 다나카는 일본 국익을 고려하면 타이완과 단교하더라도 국교 정상화를 실현해야 한다고 판단하고, 보수파의 맹반대를 무릅쓰고 중일 공동성명에 도달한 것이다. 센카쿠 문제에서 이른바 '보류 합의'는 공동성명의 연장선 위에 있었다.

그 이후 2008년까지 중국과 일본 사이에 세 차례 공동성명이 나왔다.

전후 아시아의 경제 발전이 왜 지금까지 순조롭게 이루어져 왔는지에 대해 일본은 다시 확인할 필요가 있다. 그것은 1972년 중일 공동성명이 있었기 때문이다. 아시아 전체의 핵심인 중국과 일본이 평화 속에 수십 년을 보냄으로써, 아시아 발전에 밑받침이 된 것이다. 이는 베트남전쟁의 비참한 결말을 참고하면 더욱 명료해진다. 현재 중일 양국의 수뇌는 이런 점을 명심하지 않으면 안 된다.

국교 정상화는 그것을 실현하기 위해 노력해온 국민의 힘 덕분이다. 그로부터 40년에 걸쳐 양국의 관계자 및 대표가 크고 작은 노력으로 유지해온 우호 관계를 오늘날 양국 정상이 붕괴시켜봐야 좋을 리가 없다.

아시아 발전의 기초로서 자리 잡고 있는 중일 관계의 정상화를 파괴하는 행위에 이르게 될 경우, 역대 총리의 노력이 수포로 돌아가는 셈이다. 그러한 역사의 무거움을 중일 양국의 정상 및 정부 관계자는 자각하기 바란다.

중일 관계에 대해서는 결코 포기할 필요도 없고 또한 희망을 버릴 필요도 없다. 전쟁을 하지 않고 100년 동안 계속 싸워온 국가는 역사적으로 없다. 장래에 분명 중일 양국 간의 사이는 좋아질 것이다. 그것이 일찍 실현되면 될수록 좋다.

## 미국과 중국의 급속한 접근

중국을 둘러싼 현재 국제세력國際勢力상의 지도는 중일 공동성명을 발표했던 때와는 완전히 다르다.

미국, 러시아, 일본의 국력은 상대적으로 하락하고 그 대신 중국을 위시해 한국, 아세안ASEAN 국가가 부상하고 있다. 미국, 한국, 타이완이 중국에 급속도로 접근하고 있으며, 중일 관계와 한일 관계는 과거 최악의 상태에 빠지고 있다. 북한은 아직 불투명한 채로 남아 있다.

미국은 일본 이상으로 중국에 주목하고 있다. 유럽과 중국의 관계도 일본 이상으로 강해지고 있다. 미중 관계의 동향은 향후 국제정치와 세계경제를 좌우하게 될 최대 요인이다.

2400년 전 에게 해를 둘러싸고 아테네와 스파르타가 27년 간 전쟁을 벌였다. '국제정치의 아버지'라고 일컬어지는 그리스의 역사가 투키디데스Thucydides는 『펠레폰네소스 전쟁사 The History of the Peloponnesian War』라는 전기戰記에서 이들의 전쟁을 패권국과 신흥국의 대결이라는 형태로 현실감 있게 묘사했다.

후대에 '투키디데스의 덫'이라는 말이 사용되고 있는데, 현실 국제정치를 조망하면 패권국과 신흥국의 충돌이 얼마나 피하기 어려운 것인지 알 수 있다. 16세기 이래 패권국과 신흥국의 싸움은 15회였고, 그중 11회는 전쟁이 되었다고 한다. 아테네와 스파르타의 관계는 과연 현재 미중 관계에 상당하는가, 아니면 그렇지 않은가?

중국을 둘러싼 국제정세에서 미중 관계가 가장 중요하다는 점은 말할 필요도 없다. 대립이 심각해지고 있는 중일 관계를 무시한 채, 이 두 초강대국은 정치적·경제적·군사적 관계를 착착 쌓아가고 있다.

2013년 6월 시진핑 국가주석과 버락 오바마Barack Obama 대통령은 미국 캘리포니아 주의 휴양지 서니랜즈에서 이틀간 총 8시간에 걸쳐 회담했다. 시진핑이 국가주석에 취임한 같은 해 3월의 전국인대로부터 3개월 후에, 미국의 제안에 따라 대단히 신속하게 개최가 실현되었다. 중국은 미국과의 관계를 '신형 대국 관계'라고 부르며, 정상회담을 그 첫걸음으로 규정했다.

2013년 2월에 열린 아베 총리와 오바마 대통령의 미일 정상회담이 점심시간을 포함해 2시간이 채 되지 않았던 것과는 대조적이다.

정상회담으로부터 1개월 후 워싱턴에서 제5차 미중 전략경제대화를 개최했다. 중국에서는 왕양 부총리, 미국에서는 제이콥 루Jacob Lew 재무장관, 존 케리John F. Kerry 국무장관이 참석했다.

거의 보도되지 않았지만, 이 '대화'를 통해 160개 항목 이상에서 정치·경제·문화 등 전방위적全方位的으로 미중 간에 합의 및 협정이 성립되었다. 방위防衛(국방) 문제에서도 협정을 이루어 미국의 군사 연습에 중국도 참가하게 되었다.

### 미국이 중국과 서로 다툴 가능성

향후 미국과 중국은 상호 긴밀한 관계를 맺어나가게 될 것으로 예상된다.

예를 들어 2012년 미국 하버드대에는 세계 135개국으로부터 우수한 유학생 4500명이 모였다. 그중 중국 유학생이 582명으로 가장 많았다. 이에 반해 일본 유학생은 대학 학부생으로는 겨우 5명이다. 전체적으로도 13명에 그쳤다.

또한 중국은 연간 약 200명의 미국 고관高官을 초대하는 한편, 중국인 로비스트를 워싱턴으로 파견하고 있다.

이런 상태가 계속된다면 10년 후 미국과 중국에서 상호 국가를 이해하는 사람이 급속히 증가하고, 거꾸로 일본의 경우에는 훨씬 감소할 것이다. 미중 관계가 친밀해지면 젊은 지도층의 의사소통도 원활해진다.

이처럼 미일 관계와 미중 관계에서 인맥의 두터움에서의 차이가 두드러지고 있다. 그중에서도 미중 '최고 지도자' 간의 인맥이 긴밀해지는 데 반비례해서, 미국과 일본 간의 인맥은 얇아지고 있다.

중국은 지금 미국에 이어 세계 제2위(무역 총액은 제1위)의 경제대국이다. 중국 경제도 일본 이상으로 미국에 큰 영향을 받고 있고, 미중 '경제 관계'가 양호하게 유지되지 않으면 중국 경제가 성립되지 않을 정도이다.

즉, 양국은 경제적으로 강력하고 확고하게 얽혀 있기 때문에 정치적 싸움을 피해야만 하는 것이다.

이는 현재의 중일 관계가 증명한다. 일본은 현실 문제로 인해 중국에서 물건을 팔지 못하게 되었다. 일본에서는 자동차 메이커의 업적이 비약적으로 신장되었다고 소란스럽지만 미국, 한국, 독일의 자동차 판매 추세와 비교하면 아직 낮은 수준이다. 정치적 마찰은 경제에 직접적으로 영향을 미친다.

미국은 '중국 포위망' 전략을 취하지 않는 한, 중국과 사이 좋게 지낼 것이다.

요컨대 미국과 중국은 앞으로 30~40년 동안 자신들이 세계 패권을 장악해나갈 체제를 만드는 데 착수했다. 미국과 중국 'G2'가 세계를 통치하는 시대가 언젠가 오는 것은 아닌가?

한편 한미 관계를 살펴보면 2013년 5월 박근혜 한국 대통령이 미국을 방문해 상·하원 합동회의에서 연설했다. 이 연설 자리는 격식이 높은 행사로서, 일본 총리가 연설 기회를 부여받은 적은 한 차례도 없다.

아베 총리는 싱크탱크와 증권거래소 등에서는 연설했지만, 미국 정권 및 미디어의 반응은 별로 뜨겁지 않았다. 아베 총리와 오바마 대통령의 회담도 아직 허니문 관계에는 이르지 못하고 있다.

앞으로 50년, 100년 후의 중일 관계를 염두에 두면 미일 관계만을 강화해 세계에 호소하는 것은 현명하지 않다. 중국과 한국의 거리를 측정하고, 세계 가운데에서 일본의 존재감을 높이지 않으면 안 된다.

의심암귀의 극동 4개국

중국과 일본을 둘러싼 정치 정세에서 2012년 말에 등장한 동북아시아 4개국 지도자는 모두 이른바 신인이다. 아베, 시진핑, 박근혜, 김정은 등 이러한 신인 정치가 4명이 도대체 무엇을 생각하고 있는지가 상호 간 의심암귀疑心暗鬼가 되고 있다.

시진핑과 박근혜의 2013년 6월 정상회담 외에는 4개국 정상 모두 양국 간 정상회담을 하지 않았다.[5] 아베 총리는 미얀마, 인도, 러시아, 인도네시아, 베트남, 필리핀, 타이완 등 중국을 둘러싸고 있는 국가를 역방해 회담했다. 혹은 중동, 아프리카, 유럽 등 머나먼 국가는 적극적으로 방문했지만 가장 가까운 중국, 한국과는 정상회담을 하지 않았다.

외교 배경에는 국력이 있다. 필자가 생각하는 국력의 세 가지 요소는 군사력, 경제력, 정치력이다. 정치력이란 '신뢰'와 '품격'의 문제이다. 정치력의 근간인 신뢰는 어떻게 하면 얻을 수 있는가? 얼굴을 맞대고 함께 말하지 않는다면 영원히 얻을 수 없을 것이다.

그러한 노력을 중일 양국의 정상이 모두 포기하고 있다. 이런 상황에 중일 관계가 잘될 것인가? 양국의 정상이 정말 중일 관계를 개선하려는 의지가 있는 것으로 필자는 생각하지 않는다. 그렇다고 관계를 파괴하려는 것인가 하면, 거기까

---

5  2014년 7월 시진핑이 방한해 박근혜 대통령과 정상회담을 했다. _옮긴이 주

지 도달하기 위한 확신이나 용기가 있는 것도 아니다.

아베 총리는 "조건이 정리되면 만나겠다. 문은 열려 있다"라고 반복하고 있다. 그렇지만 문은 이미 40년 전 양국 간의 국교 정상화 때 열렸다. 40년간 문은 열려 있었다. 문이 열려 있다고 해서 중일 관계가 좋아지는 것은 아니다.

의심암귀는 '의심을 품으면 귀신이 보인다'라는 뜻이다. 아베 총리는 우편향右偏向 세력의 지지를 받고 있기 때문에 국제적으로 '극단적 민족주의자ultra-nationalist' 취급을 받고 있는데, 어디까지가 본인의 의향인지는 알 수 없다.

시진핑도 취약한 정치 기반을 고려할 경우, 자신의 정치를 지금 바로 펼칠 수는 없다. 정치가의 발언은 다양한 배경을 고려하지 않으면 안 되기 때문에, 그의 발언 내용 가운데 어디까지가 진심인지는 역시 모를 일이다.

이러한 상태에서 신뢰 관계도 대화 창구도 없이 의심암귀만 팽창하는 것이 가장 위험하다.

### 중국과 북한의 인적 단절

북한은 동북아시아 4개국 가운데 가장 기이한 존재이다.

북한 지도자 김정은 총서기[6]는 2011년 그의 부친 김정일 총비서가 사망한 이후 갑작스럽게 등장했다. 이 젊은 지도자가 무엇을 생각하고, 국제사회에서 어떤 지위를 유지하고자 하는지 전 세계의 그 누구도 알지 못한다. 실로 의심암귀 상태이다. 그 어떤 국가도 흠칫거리며 관계하고 있는 실정이다.

북한 내부 경제가 상당히 어려운 상태라는 점은 분명하다. 만성적인 에너지 및 식량 부족으로 아사자가 잇따르고 있으며, 탈북자가 끊이지 않는다.

이제까지는 중국이 같은 사회주의국가로서 북한의 유일한 채널이었다. 상무위원 장더장張德江은 북한에서 유학 경험이 있어, 가장 북한 인맥이 있는 인물로 간주되고 있다. 그렇지만 김정일에서 김정은 대代로 넘어오며 이 인맥은 끊어진 듯하다. 즉, 중국에는 김정은이 중학생 무렵 유럽에 있었다는 사실 말고 다른 것을 알고 있는 자가 없는 것이다.

2012년 11월 전국인대 상무부위원장常務副委員長[7]과 중국 외교부장[8]이 북한을 방문했는데, 김정은은 중국의 지시를 무시한 채 장거리 미사일 발사와 3회째 핵실험을 강행했다.

2013년 7월 리위안차오 국가부주석이 한국전쟁 휴전 60주년 기념 행사에 참석하기 위해 북한을 공식 방문했을 때, 김

---

6 김정은의 공식 직함은 조선노동당 제1비서이다. _옮긴이 주
7 리젠궈李建國를 지칭한다. _옮긴이 주
8 양제츠楊潔篪를 지칭한다. _옮긴이 주

정은은 "앞으로 동북아시아에서 위험한 일은 일절 일어나지 않는다"라고 말하며 중국에 양보하는 자세를 보였다고 전해졌다.

그러나 같은 해 12월, 중국과 폭넓은 대화 창구를 보유하고 있었고 북한 이인자로 일컬어지던, 전임 국방위원회 부위원장 장성택이 갑작스럽게 국가 전복 등의 죄목으로 처형당했다. 그 이후에도 김정은은 정권 내부의 '친중 세력' 숙청에 착수하고 있다고 전해진다. 중국은 북한 내부의 정보원을 완전히 잃고, 김정은 정권에 대한 통제력을 상실해버린 것이다.

급선회한 북한의 대중對中 정책에 맞서, 중국 정부는 중국에 있는 장성택 관련 비밀 자금을 전액 동결하고 김정일의 장남이자 김정은의 이복형인 김정남을 보호했다. 사건 배후에서는 억측을 포함해 수상쩍은 정보가 난무하고 있는데, 양국 간의 대립이 첨예해지고 있는 것은 확실하다.

한편 중국은 북한에 대해 강경책을 쓰는 데 신중하지 않으면 안 된다. 중국과 북한 국경에는 200만 명 이상의 조선족이 거주하고 있다. 만약 북한에 내란이라도 일어난다면 중국으로 난민이 몰려들어, 지린성 주변이 조선족으로 넘쳐 대혼란에 빠질 것이기 때문이다. 중국은 지금도 국경 지대의 경비를 강화하고 있다.

북한의 배후에 나타났다 숨었다 하는 러시아

한국에도 북한과의 대화 창구는 없다.

베이징 주재 한국 대사로, 필자가 귀국하기 전 한국에 돌아가서 장관에 취임한 학자[9]가 있다. 필자는 그와 친했기 때문에, 그가 중국으로 출장 왔을 무렵 "북한과 한국은 어떻게 되는 것인가? 대화 창구는 있는가?"라고 은밀히 물었다. 대답은 "전혀 아무것도 없다"라는 것이다.

북한은 2013년까지 핵실험을 세 차례 실시했으며 핵폭탄을 보유한 것으로 알려져 있다. 북한이 핵을 지닌 이상 비핵화 전략의 시대는 끝났다. 북한은 핵을 절대 포기하지 않는다. 핵을 포기하면 국제적 발언권을 상실하기 때문이다. 그렇다면 6자 회담의 대책은 이제까지의 '비핵화'가 아니라 '핵 확산 방지'로 수준을 한 단계 격상시킬 필요가 있다.

이런 와중에 주목해야 할 존재는 러시아다.[10] 자원이 해외로 수출되지 않아 경제 성장률이 떨어지고 있는 러시아는 북한에 석유 자원을 수출해왔다. 2014년 4월 러시아는 북한이

---

9 류우익 전임 주중 한국 대사를 지칭한다. _옮긴이 주
10 최근 러시아의 국가전략에 대해서는 다음을 참고하기 바란다. 다케다 요시노리武田善憲, 『러시아의 논리: 부활하는 강대국의 국가전략』, 이용빈 옮김(도서출판 한울, 2013). _옮긴이 주

소련 시대부터 안고 있던 총액 약 110억 달러의 대對러시아 누적 채무를 90% 해소하는 데 승인했다.

무역의 대부분을 중국에 의존해왔던 북한이 이런 상황에서 만약 강경하게 나온다면, 그 배후 세력으로 러시아를 고려하지 않으면 안 된다.

실제로 북한 문제에서 중국과 가장 밀접하게 의견을 교환하고 있는 국가는 미국일 것이다. 미국의 견지에서 동북아시아의 안정을 위해 북한에 압력을 가하려면 중국을 중개자로 삼는 것 외에는 다른 방도가 없다.

핵 확산 방지를 위해 중국이 에너지와 식량 공급을 중단하게 하도록 북한에 압력을 가한다. 이것이 중국이 활용할 수 있는 한 장의 외교 카드이기도 하다.

### 방공식별구역을 설정한 중국의 폭주

'센카쿠 열도' 문제는 중국과 일본뿐만 아니라 동아시아의 국제질서까지 뒤흔들고 있다.

2013년 11월 중국이 동중국해 상공에 새롭게 '방공식별구역ADIZ'을 설정함으로써 중일 관계의 긴장이 가일층 높아졌다.

방공식별구역은 통상 수단으로는 식별할 수 없는 항공기에 대한 확인 행위가 이루어지는 공역空域이다. 영공처럼 자국의 주권을 행사하는 공역은 아니다.

이 구역에는 일본이 고유 영토라고 주장하는 센카쿠 열도가 포함되어 있다. 센카쿠 문제를 국제적으로 인지시키려는 중국의 의도가 명백하다.

또한 구역 내에 미군의 훈련 공역이 포함되어 있는 것 말고도 미국, 한국, 일본, 중국의 군용기 등이 정기적으로 정보 수집을 위해 비행하고 있다. 이런 항공기를 견제하는 정치적 의도도 있는 것으로 보인다.

중국의 움직임에 대해 미국은 폭격기를 즉시 중국의 방공식별구역으로 날려 보내, 강하게 '노No'라고 들이댔다. 중국에 우호적이었던 한국도 반발해서 움직임을 멈춘 인상이 있지만, 중국은 '센카쿠 문제에 반대 의견을 내세우고 행동을 계속한다'라는 생각을 바꾸지는 않을 것이다.

실제로 중국은 2013년 11월 29일 "중국 비행기가 긴급 발진했다"라고 발표했고, 일본은 이 발표를 부정했다. 중국의 견제에 지나지 않을지도 모르지만, 향후 가일층 긴장을 강화하려는 국면도 있을 수 있다는 점을 염두에 두어야 할 것이다.

현재 중일 양국의 정부 사이에는 의사소통 창구가 거의 기능하지 않고 있다. 이 때문에 겉으로는 주먹을 치켜들면서, 속으로는 '표면상 비판하지만 진짜 의도는 그 정도는 아니다'라고 살며시 전하는 다층적 외교가 불가능한 상태이다. 이런 와중에 센카쿠 부근에서 무언가 문제가 발생하면, 사태가 단번에 급변하게 될 우려가 있다.

이상적理想的인 일은 한중일 정상이 얼굴을 맞대고 함께 대화하는 것이지만, 현 상태로는 도저히 무리이다. 따라서 방위대신防衛大臣급에서 연락을 취하는 등, 정부 간에 조금이라도 대화 창구를 만들기 위한 노력을 하지 않으면 안 된다. 동아시아 주요 3개국인 한국, 중국, 일본이 현재와 같은 상태를 유지한다면 동아시아 전체의 경제 성장에도 영향을 미칠 수밖에 없다.

일본, 미국, 한국 이외에 중국과 영토 분쟁 문제를 안고 있는 동남아시아 국가들도 중국의 방공식별구역 설정에는 강하게 반발하고 있으며, 중국은 주변국 대다수에 불안감을 제공하고 있다.

2014년 5월 남중국해에서는 중국과 베트남 선박이 충돌해 베트남에서 반중反中 시위가 격화되었다.

일본과 미국이 "부당하다"라고 아무리 항의해도, 중국은 일단 시작했던 것을 멈출 국가는 아니므로 그다음 계획도 있다고 생각해야 한다. 국제적으로 일본은 중국보다 '대인大人'으로서, 감정론으로 치닫지 말고 끈기 있게 방법을 탐색해나가는 것이 세계 무대에서 높이 평가받는 길일 것이다.

야스쿠니 참배에 의외로 조용했던 중국의 진의는?

중국과 일본의 긴장이 풀리지 않는 동안, 2013년 12월 아베 총리가 야스쿠니 신사를 참배해 중국과 한국뿐만 아니라 일본의 가장 중요한 동맹국인 미국까지 분노하게 만들었다.

일본 정부는 미국의 '실망'을 상정하지 못했던 것은 아닌가? 미국은 "참배는 그만두는 편이 좋다"라고 사전 경고를 반복했다. 그렇지만 아베 총리는 "경고는 받아들이지만 그래도 참배한다"라고 직전 통고한 채 참배를 실행했다. 이는 노다 전임 총리의 '센카쿠 국유화' 발표와 마찬가지로 상대의 체면을 크게 손상시키는 것 위에 일종의 '확신범'이 되는 것이다.

야스쿠니 참배는 미국의 동아시아 전략을 혼란스럽게 만들었을 것이다. 즉, 한중일 간의 협력 관계를 강화하고 동아시아에서 일본의 안전보장을 강화하고자 하는 전략적 목표의 실현에 찬물을 끼얹은 것이다.

한편 일본에 대한 국제 여론의 반발을 이용해 한국, 독일, 미국이 중국에 바짝 다가서며 경제적 진출을 노리고 있다. 그런 의미에서, 이런 타이밍에 이루어진 아베 총리의 야스쿠니 참배는 명백히 국익을 해쳤다는 목소리가 크다.

필자의 인상으로는, 야스쿠니 참배에 대한 감정적 반발은 한국이 강했고 중국은 오히려 감정을 억제했다. 센카쿠 국유화 때와 달리 반일 시위의 움직임도 보이지 않았다.

뜻밖에 조용한 중국의 반응이 섬뜩하다. 오히려 소란스럽게 반응하는 쪽이 중국의 의도를 읽기 쉽고, 중국 국민의 감정도 방출되지 않았을까 생각하는 것이다. 머리를 부딪혔을 때 혹이 생긴다면 큰 문제가 아니지만, 혹이 생기지 않으면 충격이 축적되는 수도 있다. 이와 비슷하게, 혹시 표면보다 내면의 사태가 심각한 것은 아닐까?

2006년까지 고이즈미 준이치로小泉純一郎 전임 총리가 여러 차례 야스쿠니 신사를 참배했을 때, 중국은 지금보다 훨씬 격렬하게 일본을 비난했고 일시에 중일 간의 교류가 거의 정지 상태에 처했다.

이번에는 왜 그 정도로 소란스럽지 않았는가? 중국 측에는 심모원려深謀遠慮가 있는 것이다. '야스쿠니 신사'의 영향을 가볍게 여겨서는 안 된다. 악영향은 바로 눈에 보이지 않을지도 모르지만, 중국은 당하고 가만히 넘어갈 쉬운 국가가 아니다.

고이즈미 전임 총리가 '야스쿠니 신사' 참배를 반복했던 2000년대 전반과 비교해, 세계경제에서 중국과 일본의 입장은 역전되었다. 2006년 중국의 국가총생산은 2조 7000억 달러, 일본은 중국의 약 1.6배인 4조 4000억 달러였다. 그러나 2013년 일본의 4조 8000억 달러 예상에 반해, 중국은 일본의 약 2배인 9조 6000억 달러로 위치가 바뀌었다.

2000년대 초에는 중일 간의 경제 관계가 동결될 시, 중국이 곤란했다. 직접투자, 기술 도입, 소재 및 부품 수입 등 일본에 대한 의존도가 아직 높았기 때문이다. 그런데 경제력이 급격하게 증가한 현재, 중국은 한국과 독일 등 일본 이외의 공업국을 끌어들여, 최악의 경우 '일본 없이도 할 수 있다'라는 감촉을 강화하고 있다.

'일본 기업 제외'는 이미 일부 국유기업에서 현저해지고 있다. 일본 기업으로부터 구입을 중단하고, 자국 내의 중국 국유기업과 일본 이외의 외국자본으로 이동하는 움직임이 보인다.

금융 및 서비스 관련 규제를 대폭 완화하고 '제2의 홍콩'을 지향한 상하이 자유무역시험구에 진출한 36개 기업 가운데, 일본 기업은 한 곳도 포함되지 않았다. 일본과 관련된 경제 사안을 급거 중단하는 성省도 출현하고 있다.

### 침묵하는 친일파

더욱 심각한 것은 긴 시간에 걸쳐 배양해온 중국과 일본 간의 귀중한 인맥이 손실되고 있는 사태이다.

양국 간 유력자 사이의 인적 교류가 단번에 감소해버린 것은 2013년 7월 도요가쿠인대학東洋學園大學 주젠룽朱建榮 교수 실종 사건의 영향이 크다. 일본에서 상하이로 향했던 그의 행방이 묘연해졌는데, 이후 중국 당국에 구속된 것으로 판명났다. 2014년 1월 주젠룽은 결국 해방되었지만, 중국에서 스파이 용의를 받았을 가능성이 높다. 아마도 그와 교류했던 일본인에 대해서도 상당히 조사했을 것이다.

이 사건과 직접적 관계가 있는지는 알 수 없지만, 중국에서 지일파知日派로 간주되는 유력자 가운데 최근 공식 활동 석상에서 자취를 감춘 사람이 있다. 일본에 우호적이었던 유력자가 갑자기 냉담한 태도를 취하고, 일본인과 만나더라도 미리 준비한 문서를 읽는 데 그치는 사례도 있다.

친일파 중국인이 주눅이 들고 발언하는 것이 곤란해지고 있다. 아마도 일본인과 친하게 지내면 스파이로 의심받기 때문일 것이다. 주젠룽 교수와 접촉했던 일본인도 중국 당국이 눈여겨보고 있다고 생각하자, 이전처럼 선뜻 중국에 갈 수 없게 된 것일지도 모른다.

친일파 중국인은 귀중한 완충재로서 중일 관계를 밑받침해왔다. 일본의 진의를 중국인에게 알기 쉽게 전해서 오해를 방지하고, 일본에 조언을 해주기도 했다. 이런 존재의 유무는 양국 관계에 장기간에 걸쳐 영향을 미친다.

2013년 9월 싼이중공三一重工 등 중국 대기업 10개 회사의 수장들이 일본을 방문해 게이단렌經團連(일본경제단체연합회의 약칭, 1946년 설립된 일본 3대 경제연합체 가운데 하나) 등과 회담했다. 한편 일본에서도 일중경제협회日中經濟協會 소속 경제인들이 11월 중국을 방문했다.

경제계 교류는 서서히 회복되고 있는데, 중국의 우인友人들은 "일본 정부 측의 사람과는 만나기 어려워지고 있다"라고 한다. 한편 일본도 중국의 정상급 인물과는 전혀라고 해도 좋을 정도로 만나지 못하고 있다. 현재 상황에서 친일親日, 친중으로 여겨지는 게 득得이 아니라고 서로 마음속 깊이 경계하고 있기 때문이다.

'야스쿠니 참배' 문제는 중일 간의 인적 교류를 더욱 냉담하게 만들 것이다. 양국에서 '대화 창구' 역할을 맡고 있는 인물이 서로 노력하지 않는다면, 투덜투덜거리다가 관계가 끊어지고 말 것이라고밖에 생각할 수 없다.

### 각국의 상관관계를 의식하라

센카쿠 문제의 악영향은 상상 이상으로 심각하며, 한중일 3국 관계는 악화일로를 걷고 있다. 물론 중국, 한국에도 문제는 있다.

초대 한국[11] 통감이었던 이토 히로부미伊藤博文를 1909년

---

11 한국韓國 통감이 아니라 조선총독부朝鮮總督府 통감이었으며, 명백한 오기誤記

암살한 안중근의 기념관이 2014년 1월 중국 헤이룽장성 하얼빈역에 개설되었다. 지난해 박근혜 대통령의 방중을 계기로 양국이 각각 이 사업 계획을 추진했다.

자국 내에서라면 몰라도 암살 현장이라는 이유로 한국이 중국까지 찾아가서 기념관을 만들고 선전하는 것은 일본에 대한 적대 행위로 간주되지만, 일본으로서는 별다른 방도가 없다. 이를 용인하는 중국도 한국의 대對일본 적대 행위를 조장하는 셈이다. 일본에서 반발이 생기는 것은 당연하다.

시진핑 국가주석은 9월 3일을 '항일전쟁 승리 기념일'로 제정하고, 2015년 승전 70주년 기념행사를 러시아와 공동으로 주최한다고 푸틴 대통령과 약속했다. 중국이 러시아를 끌어들였다고 생각해야 할 것이다. 이는 중대한 사태이다. 중국은 12월 13일도 '난징대학살南京大虐殺 희생자 국가 추도일'로 정했다. 2015년에는 반일 운동이 확산될 가능성이 높다. 얼음은 잘 녹기 어려운 법이다. 진정으로 골칫거리이고 암담하다.

예전에 비해 국력 격차가 좁아진 것을 배경으로 중국, 한국, 러시아는 동아시아의 세력 균형을 변화시키고자 하는 의지 아래 일본에 대해 강경 자세를 취하고 있다. 그만큼 중일 문제는 뿌리가 깊다고 할 수 있다. 일본으로서는 감정론으로

---

이다. _옮긴이 주

치닫지 말고 논리적으로 비판·반론해서, 국제사회의 이해를 얻고자 노력하는 것 말고는 다른 방법이 없다.

그와 동시에 온갖 고난을 물리치고 성장 전략을 실현시켜, 경제력이 저하되지 않도록 해야 한다.

그리고 적어도 대화 창구가 있다면 대화의 가능성을 탐색하는 노력을 결여해서는 안 된다. 강온强穩 양면으로 끈질기게 대응할 필요가 있다.

외교상 장기적 시점에 입각한 전략에 따라 힘들어도 참아야만 하는 경우도 있다. 현실적으로 일본의 장래에 무엇이 이득일지 생각하고, 위기관리에 철저히 인내하는 능력이 필요하다. 반복해서 말하는 것이지만, 중일 관계의 안정이 곧 아시아 전체 발전의 기초이다.

1972년부터 2008년까지 네 차례 중일 공동성명이 나왔다(부록 참조). 제1차 중일 공동성명 제6조에는 "일본국日本國 및 중국이 상호 관계에서 모든 분쟁을 평화적 수단에 의해 해결하고 무력 또는 무력에 의한 위협에 호소하지 않는 것을 확인한다"라고 해서 무기를 들고 싸우는 것은 그만두자고 명시하고 있다.

그 네 가지 중일 공동성명과 정치성명政治聲明의 정신을 중시하자고 상호 간에 함께 확인하는 것이다. 그것만으로 좋다. 다나카와 저우언라이, 마오쩌둥을 위시한 선인先人들의 노력이 담겨 있고, 일본 국내에서는 재떨이를 서로 던질 정도의 격론을 누르고 결론이 난 공동성명의 정신을 결코 허사로 만드는 일이 없도록 재확인한다.

중일 관계를 개선하기 위해서는 한일 관계도 좋아져야 한다. 미일 관계, 중일 관계가 개선되기 시작하면 한국도 일본에 대해 지금 같은 강경책으로 나올 수 없을 게 틀림없다. 그이전에 미국과 일본이 확고한 관계를 맺는다면, 정치적 의미에서 중국도 일본을 경시할 수 없다.

이 같은 세계 각국의 상관관계를 의식한 후에 일본은 중국, 한국, 미국과 사귀어나가는 것이 중요하다. 특정 국가에 지나치게 편중되어버리면 단번에 균형이 무너질 수도 있다.

국가 정치의 최고 목표는 국민 행복이다. 어떤 상황에서도 이 발언이 국민의 행복을 바라는 것인가, 아니면 자신의 주의주장主義主張에 매몰된 것일 뿐인가를 묻게 된다. 이는 그 어떤 국가에서도 마찬가지이다.

# 일본이라는 문제

## 교육 후진국이 된 최근의 일본

지금까지 중국이 안고 있는 여러 문제를 주제별로 살펴보았는데, 마지막 장에서는 중국이라는 존재를 고려할 때 부각되는 일본 문제에 초점을 맞추어보겠다.

중국이 2013년도 예산에서 교육비에 국방비의 3배 이상을 배분하는 등 국민교육에 주력하고 있다는 점은 제2장에서 지적한 바 있다. 그렇다면 일본은 어떠할까?

2010년 경제협력개발기구OECD는 가맹국의 대학 진학률을 조사했다. 이 결과에 의하면, 일본의 대학 진학률은 51%로 경제협력개발기구 평균치인 62%를 크게 밑돌며 가입국 34개국 가운데 24위로 상당히 하위이다. 최고는 호주 96%이고, 그

뒤를 이어 미국 74%, 한국 71%이다.

중국은 경제협력개발기구 가입국이 아니기 때문에 단순 비교는 불가능하지만, 대학 진학률은 35% 정도라고 한다. 2013년도 교육비 중점 배분을 고려하면 대학 진학률은 향후 지속적으로 상승할 것으로 예상된다.

문부과학성文部科學省의 학교 기본조사에 의하면, 1990년부터 일관되게 신장되어왔던 일본인의 대학 진학률은 2012년 처음 50.8%로 저하되었고, 2013년에는 49.9%를 기록했다. 문부과학성은 1990년과 2009년 '고등교육 진학자 수'의 신장伸長 추세를 조사했는데, 대상 국가 9개국 가운데 진학자 수가 73만 명에서 68만 명으로 감소한 나라는 일본뿐이었다. 중국은 29만 명에서 262만 명으로 약 9배 증가했다.

유감스럽지만 자료는 더 있다. 경제협력개발기구 조사에서 학교교육 비용(공비 부담)이 국내총생산에서 차지하는 비율을 비교해보면, 일본은 3.6%로 평균치 5.4%를 크게 밑돌며 하위 그룹에 있다. 상위 그룹은 덴마크 등 북유럽 국가들이 점하고 있다. 미국은 5.3%, 한국은 4.9%이다.

초등학교에서 한 학급당 아동 수도 경제협력개발기구 평균을 대폭 웃돌고 있으며, 다른 선진국에 비해 '교사 부족' 현상이 명백하다. 이런 수치를 보면 일본은 경제협력개발기구 가입국 가운데 '교육 후진국'이라고 말하지 않을 수 없다.

## 정치 일인자가 이과 출신인 중국

1962년 영국 ≪이코노미스트Economist≫에 의하면 그 당시 영국의 대학 진학률은 7%, 일본 11%였다. 또한 영국은 일본에 비해 중학교 졸업 후 진학을 그만두는 비율이 일본보다 훨씬 높았다. 그 결과 선진국 가운데에서는 고등교육을 받은 과학기술 분야의 연구자는 물론, 공장 기능공의 수준도 일본이 영국보다 높았다고 한다.

동 잡지는 일본을 '미라클 재팬miracle Japan'이라고 평가하고, 전승국 영국보다 패전국 일본이 고등교육에 열심인 것이 일본의 수출고輸出高를 증가시키는 원인일 것이라고 고찰했다. 일본의 경제 성장을 밑받침한 것은 그와 같이 중간층 노동자에 대한 교육이 충실했다는 점에 있었다고 할 수 있다.

1990년 무렵까지 일본인의 대학 진학률은 경제협력개발기구 평균을 유지했으나 타국의 진학률이 점점 상승하는 한편, 제자리걸음이었던 일본은 격차를 벌리지 못했다. 1990년 이후는 일본 교육의 '잃어버린 20년'이라고 해도 과언이 아니다.

여기에는 교육정책을 충분히 배려하지 않았던 국가뿐만 아니라 기업에도 책임이 있다. 일본 기업은 기술자를 소중히 여겨왔다고 당당하게 말할 수 있을까? 연구자의 개발 성과는 오랫동안 기업의 것으로 간주되었고, 연구자는 자신이 만들어낸 기술혁신에 비해 약간의 보상밖에 손에 넣지 못했던 게 현실이다.

유명한 사례이지만, 발광다이오드LED 개발자[1]로 알려진 나카무라 슈지中村修二 씨의 소송으로 일본 기술자가 얼마나 형편없는 대우를 받고 있는지가 백일하에 드러났다.

미국에서 기업을 운영하고 있는 경영 지인에게 "미국인도 일본 기업에서 좀 더 일해주면 좋겠다"라고 화제를 삼았는데, 그는 "그런 일은 있을 수 없다"라고 전면 부정했다. 일본 기업에서는 얼마나 성과를 내야 어느 정도의 보수를 얻을 수 있고 어디까지 승진할 수 있는지 전혀 알 수 없기 때문에, 우수한 젊은 미국인이라면 일본에서 일할 생각은 하지 않는다고 했다.

물론 금전적 측면에서는 미국 등의 대우 수준에 미치지 못하지만, 일본 기업은 종신고용 제도에 따라 안정 고용을 보장함으로써 기술자 정착을 촉진하고 20~30년 앞을 내다보는 긴 호흡의 연구를 실현했던 측면도 있다.

그러나 현재는 주주와 투자가의 독촉으로 이익이 나지 않는 사업 부문과 연구 개발을 축소하는 데 내몰려, 20~30년 뒤에 피어날 가능성이 있는 사업의 싹을 잘라버리고 있는 것으로 보인다. 인건비를 삭감하기 위해 정규 사원을 줄이고 장기

---

1 이 업적으로 2014년 노벨물리학상을 수상했다. _옮긴이 주

長期 고용을 하지 않고 비정규 사원을 증가시킴으로써, 생산 현장에서는 암묵지暗默知의 계승이 어려워지고 있다는 이야기도 들었다.

눈앞의 이익에 내몰려 20~30년 앞까지 내다보는 견실한 인재 전략人材戰略을 국가와 기업 모두 갖추지 못하고 있는 점이 변하지 않는 현상이다. 지금 서둘러 손을 쓰지 않으면, 20년 후에는 일본이 강점으로 삼았던 과학기술 분야에서 세계에 뒤처질 수밖에 없다.

중국은 정치 지도자가 과학기술을 중시하고 있으며, 따라서 과학기술 교육에 주력하고 있다. 시진핑 국가주석, 후진타오 전임 국가주석, 원자바오 전임 총리는 모두 이공계 출신이다.

중국 정부는 실리콘밸리에 간 우수한 연구자에게 귀국 이후의 우대 조치를 제공함으로써, 본국에 돌아오는 인센티브를 부여하고 있다. 중국인 유학생 인구는 매년 20만 명에 달하는데, 이들이 유학 간 현지에 남아버리면 그 과실果實이 본국에 환원되지 않는다. 미국에서 근대적 경영을 배운 사람이 지방정부와 중앙의 관료가 된다면, 그것은 국력 상승으로 연결된다.

일본은 중국과 같은 유학생에 대한 우대 조치가 없기 때문에, 인재가 해외로 유출되고 있다.

하야시 유키히데林幸秀가 쓴 『과학기술대국 중국科学技術大国

中国』(2013)에 의하면 2008년 중국의 과학기술 연구자는 159만 명으로 미국의 141만 명, 일본의 65만 명을 크게 제치고 세계 최고 순위를 기록했다. 이공계 박사 취득자는 미국 3만 3000명, 중국 2만 7000명, 일본 8000명이다. 교육 영역에서도 중국은 착실히 최고 그룹을 향해 뛰어오르고 있다.

"일본은 과학기술 분야에서 노벨상 수상자의 수가 아시아 최고이다. 이것이 과학기술 선진국의 증거이다"라는 반론도 있을 것이다. 확실히 교토대학 야마나카 신야山中伸彌 교수가 유도만능세포iPS 연구로 2012년 노벨생리의학상을 수상했다. 그러나 노벨상 대상의 연구 성과는 지금으로부터 20~30년 전의 것이 많아, 현재보다는 과거의 과학기술력을 반영한다고 보아야 한다. 환언하자면 현재 노벨상 수상자의 수는 과거 교육의 유산이라고 말할 수도 있다.

현재와 같은 추세가 계속된다면 20년 후 일본은 과학기술 분야에서 노벨상을 획득하지 못하고, 그 대신 중국이 점점 앞서 나가는 역전 현상이 일어날 가능성이 높다.

긴박해진 경제구조의 전환

왜 교육에 대해 말했는가 하면 일본의 장래를 고려할 때, 교육의 충실함이야말로 일본이 세계에서 생존하는 데 가장 중요하고 필수적인 조건이라고 생각하기 때문이다.

이번에는 인구 변동 측면에서 일본의 장래상을 살펴본다.

2012년 일본에서는 126만 명이 사망하고 100만 명이 출생했다. 즉, 26만 명이 감소했다. 아마도 향후 일본 인구의 감소 수치는 20만에서 30만, 40만, 50만 명으로 매년 증가할 것이다. 결혼식장보다 장례식장 사업이 더 이익이 된다고 말하면 지나치게 노골적이지만, 이런 경향은 일본 각지 어디에서도 변하지 않고 있다.

도쿄 올림픽이 개최되는 2020년 이후, 일본에서는 매년 100만 명 정도의 인구가 감소할 것이라고 한다. 머리말에서도 언급했지만 향후 46년간 4000만 명이 줄어든다.

이러한 상태가 계속된다면 노동가능인구(15~64세)가 10명 가운데 5명으로 감소한다. 4명이 64세 이상, 1명이 14세 이하이다. 결국 중학생 이하는 100명 가운데 8명뿐인 것이다. 가까운 데에서 아이들의 목소리가 들리지 않게 된다.

현재는 노동가능인구가 100명 가운데 63명이지만, 40년 후에는 2명에 1명 꼴밖에 남지 않는다. 일하고 있는 사람이 아니라 일할 수 있는 연령의 사람을 가리키는 것이다.[2]

---

2 현재 노동가능인구의 연령은 15~64세이지만 고령화 추세에 따라 65세 이상이어도 일할 수 있는 경우를 말한다. _옮긴이 주

일본은 그렇게 국가 모습과 경제구조가 변한다. 이제까지와 같은 경제 상태의 성장은 바랄 수 없다. 일시적 엔저만으로는 도저히 국가의 미래상을 그려낼 수 없으며, 경제의 핵심 부분을 개혁함으로써 시스템을 전화轉化해야 할 필요성이 긴박해지고 있다.

고령화하는 일본은 생산연령인구가 급속히 감소하고 있다. 생산연령인구가 줄어드는 가운데 생산성을 유지·향상하기 위해서는 최신예 설비에 대한 자본 투하와 인간의 질, 노동의 질을 높이는 것이 필수적이다.

이제까지 일본은 일본 제품은 믿을 수 있고 안전하다는 명성으로 세계에서 인정받아왔다. 일본 같은 무역입국에게 가장 중요한 것은 기술과 제품에 대한 신뢰이다. 이는 단순히 최첨단 기술의 연마만을 의미하지는 않는다. 세심한 배려와 애프터케어after care 등의 서비스 정신도 포함된다.

품성과 교양까지 포함해 세계에 자랑할 수 있는 소프트 파워 기반을 유지·확대하는 것 자체가 앞으로 일본의 브랜드가 된다. 거꾸로 말하면 그것을 손에 넣을 수 없는 경우 일본에게 남은 길은 쇠퇴뿐이다.

## 흔들리는 일본에 대한 신뢰

반복하자면 일본이 살아남는 유일한 길은 최첨단 기술을 활용한 높은 생산성과 일반 노동력의 질을 유지함으로써 제품을 수출하는 것이다. 그렇지만 현재 일본의 기술과 제품에 대한 신뢰가 흔들리고 있다.

2013년 후반부터 대충 돌아보기만 해도 백화점 등의 레스토랑에서 식품 표시 위장僞裝, 의약품 데이터 개찬改竄, JR 홋카이도北海島선 검사 수치 개찬 등의 심각한 '거짓말'이 차례로 부각되었다.

이런 일이 계속된다면 장기간에 걸쳐 구축되어온 일본 기술과 제품에 대한 신뢰가 그 뿌리부터 흔들릴 수 있다. 가전과 자동차, 플랜트, 나아가 식품, 서비스도 해외에서 "일본 물건이라면 안심"이라고 평가받는 것은 품질에 대한 신뢰가 깔려 있기 때문이다. 이는 하루아침에 얻은 것이 아니라 여러 선배들이 긴 시간에 걸쳐서 조금씩 축적해온 것이다.

일본 기업이 수출을 시작한 전후戰後 당초에는 가전과 자동차도 "부서지기 쉽다", "마력馬力이 없다"라는 혹평을 받았다. 그렇지만 일본 기업은 해외 고객의 목소리에 세심하게 귀를 기울이고 기술 개발에 반영하는 작업을 반복함으로써, '메이드 인 재팬made in Japan' 브랜드를 차근차근 만들어왔다. 여기에는 기술 개발에 견실한 노력을 아끼지 않는 일본의 정신적 토양이 있었다. 그런데 연이어 발각된 심각한 거짓말을 보면서 이러한 토양이 근저에서 상실되고 있는 것은 아닌지 우려스럽다.

식품 표시를 속이고 제품 데이터를 조작하는 등의 행동이 발각되면 상품 판매가 중단됨으로써 무역이 정체된다. 일본은 이제까지 중국에서 빈발한 가짜 식품 사건을 보며, "일본에서는 있을 수 없는 일"이라고 강 건너 불구경하듯 대했는데 어느새 발등에 불이 떨어졌다.

중국 등 신흥국과 세계시장에서 싸우는 데 일본의 최대 무기는 신뢰성이다. 디지털 시대인 오늘날 기술은 돈을 내면 살 수 있을지도 모르지만, 한 국가에 대한 신뢰성은 일정 수준 이상의 기술과 제품을 보유해야만 가능하다. 그리고 여기에는 상당한 시간이 걸린다. 일본 기술이 해외로부터 신뢰를 잃는다면 일본의 장래는 암담해질 것이다.

기술력은 단순히 기술을 확립하는 것이 아니라, 그 기술을 살려 안전한 서비스를 계속 제공할 수 있는 능력까지를 포함한다. 일련의 불상사로 명백해진 것은 '안전한 서비스를 꾸준히 제공하는 힘'의 쇠퇴이다.

이는 일본 소비자로부터의 신용뿐만 아니라 일본이라는 국가 전체의 신용과 관계된다. 일본 전체가 해외에서 불신당하게 된다는 것을 잊어서는 안 된다. 기술과 제품만이 아니다. 정치에서도 일본의 신용과 신뢰가 전 세계적으로 의문시되고 있다.

거짓말을 엄중하게 비난하는 습관이 없어지고, 일본 전체가 거짓말 불감증에 빠지고 있는 듯하다. 기업에서도 경영자의 긴장감이 느슨해지고 있다. 사태 악화를 막기 위해서는 경영자가 "거짓말은 결코 용납하지 않는다"라고 호령해서, 조직을 다시 붙들어 매는 수밖에 없다.

필자도 이토추 사장 시절에 '청결, 정직, 아름다움'을 반복해서 사원들에게 호소했고, 거짓말하지 않는 것의 중요함을 자숙自肅에 포함해 철저히 숙지시켜왔다. 기업의 거짓말은 기업을 고난에 몰아넣고 기업 노동자를 고통스럽게 할 뿐만 아니라, 일본의 장래까지 훼손시킨다.

## 비정규 사원의 완전 폐지를

제품에 대한 신뢰를 보증하는 것이 노동자의 질이다. 그런 관점에서 말하자면, 일본에서 비정규 고용의 증가는 중대한 문제이다.

2012년 총무성總務省 노동력 조사에 의하면, 현재 일본 노동자의 35%를 시간제 종사자와 파견 근무자 등 비정규 사원이 차지하고 있다.[3] 3년 연속으로 과거 최고치를 경신하고 있으며, 실수實數로는 1813만 명에 달한다. 또한 대다수가 단기간에 계약을 경신하고 있다. 말이 좀 그렇지만, 고용자의 사정에 따라 수년 단위로 해고가 가능한 '쓰고 버리는 노동력'이다.

기업은 기간제로 반복해서 고용하고 비정규 사원에게 거의 교육을 실시하지 않는다.

이를 데이터로 증명하면 2008년 '리먼 쇼크' 이전 약 2조 8000엔이었던 기업 연수비가 지금은 3500억 엔이다. 약 90%를 삭감했고 왕시往時(과거) 12%로까지 격감했다. 이는 사원 3명 가운데 1명을 비정규 사원으로 고용했기에 가능했다.

특히 블루칼라 비정규 노동자에 대한 교육이 전혀 불가능하다. 교육받지 못한 노동자가 많아졌기 때문에 실업이 증가한다. 교육을 받아 각종 자격을 갖춘 노동자가 있다면 중소기업은 채용에 나설 게 틀림없다.

본래 기업이 돈을 내더라도 노동자가 자격을 획득하도록 교육할 필요가 있다. 업무에 임하는 자세와 정열 등은 교육 없이 생겨나지 않는다.

이런 상태가 계속된다면, 교육받지 않은 블루칼라 노동자가 20년 후에는 40대가 되어 일본 생산 공장의 핵심을 차지한

---

3 2014년 통계청 조사 결과 한국의 비정규직 비율도 거의 같다. _옮긴이 주

다. 그렇게 되면 다음 세대의 젊은 노동자가 일본의 신뢰를 유지할 수 있을 만큼의 기술을 계승받을 수 있을까? 매우 마음이 불안하다. 일본 현장의 우수함이라는 강점이 사라지고 확실히 경제는 쇠퇴한다.

중국과 경쟁하기 위해서 경제계는 비정규 사원의 정규 고용 전환을 고려해야 한다. 기업과 사회에서 가장 중요한 것은 고용의 안정이다. 내일이 어떻게 될지 알 수 없는 세상에서 아이를 낳고 기르는 것은 불가능하다. 신규 고용은 모두 정규 사원으로 하고 연수를 받게 해서 안심하고 일할 수 있도록 만든다. 필요에 따라 시간제 종사자를 고용해 탄력적으로 대응하면 된다.

적어도 블루칼라 비정규 사원을 줄이는 것은 필수 과제이다. 인터넷이 발달한 현대사회에서 거꾸로 화이트칼라 노동자는 비정규 사원이어도 좋다. 인터넷, 개인용 컴퓨터, 부장, 부하만 있으면 업무가 진행되는 시대이다. 과장 등 중간 관리직은 점차 필요가 없어지고 있다.

교육이 효과를 발휘하기 위해서는 20년이 걸린다. 조금이라도 일찍 일본은 소프트 파워를 만들어야 하며 교육과 과학기술에 아낌없이 투자하는 자세를 확립할 필요가 있다. 기업도 마찬가지이다. 경영자는 노동자를 확실히 교육하지 않으면 안 된다. 노동자 교육을 통해 충분히 믿고 안심할 수 있는 제품이 만들어진다. 교육에 얼마나 주력하고 있는가에 따라 앞으로 일본의 진로가 결정될 것이다.

## 위대해지지 않더라도 만족하는 젊은이들

일본의 문제는 단순히 교육의 결여에만 있지 않다. 애당초 교육을 받아 향상되고자 하는 의욕 자체가 없는 듯하다.

금세기 초 일본에서는 「세계에 하나뿐인 꽃世界に一つだけの花」이라는 노래가 국민적 공감을 불러일으켰다. 이 노래가 전하는 '모두가 제각기 오직 1명이기 때문에 1등이 되지 않아도 좋다'라는 이미지는, 말은 아름답지만 실은 자기중심적인 패배자의 사고방식이다.

'세계에 하나뿐인 꽃'은 좁은 세계에서 자신 혼자, 자기 마음대로 납득하고 있을 뿐이다. 작은 세계라고 해도 단지 하나만의 꽃은 있을 수 없다. 자신과 같은 꽃은 상당히 많다.

'오직 1명'과 같은 생각에서는 본인의 진보도 사회의 진보도 있을 수 없다. 그 누가 무엇을 말하면 '내가 1등'이라고 하지 않으면 안 된다. 노래를 한다면 '세계에서 가장 아름다운 꽃'이라고 해야 올바른 것이다.

요컨대 노력이 멋지지 않다고 하는 풍조가 일본에 만연해 있다.

연간 수입이 300만 엔이라도 △ 별로 문제없다, △ 가난하더라도 자신은 괜찮다, △ 그 이상의 향상은 추구하지 않는다, △ 이런 생각이 뭐가 나쁘냐고 말하는 젊은이가 증가하고 있다.

물론 딱히 나쁘지 않다. 나쁘지는 않지만 아무리 빈곤해도 타인에게 의지해서는 안 되는 것이다. 자신만 혜택받지 못한다고 우는 소리를 내서는 안 된다.

재단법인 일본청소년연구소는 2012년 9~11월에 일본, 미국, 한국, 중국 4개국 고등학생 6600명을 대상으로 '당신은 위대해지고 싶은가?'라는 질문을 던졌다(이 설문조사 결과는 2013년 3월에 발표되었다).

'몹시 그렇다'라고 대답한 학생은 중국 37%, 미국 30%, 한국 19%, 일본 9%이다.

'조금 그렇다'라는 응답은 한국 54%, 중국 52%, 미국 45%, 일본 37%이다.

'별로 그렇지 않다'와 '전혀 그렇지 않다'를 합하면 일본 54%, 한국 27%, 미국 17%, 중국 9%이다.

중국 학생 89%는 '위대해지고 싶다'라고 생각하는데, 일본 학생은 그 절반인 46%이다. 어떻게든 위대해지고 싶은 학생은 9%밖에 없다.

'위대해지면 어떻게 된다고 생각하는가?'라는 질문에 복수 회답이 가능하게 설정했더니, 일본에서는 '책임이 무거워진다'

라는 응답이 70%로 4개국 가운데 최고였다. 거꾸로 4개국 가운데 극단적으로 낮은 것은 '존경받는다' 30%, '능력을 더욱 발휘할 수 있다' 38%, '친구가 많아진다' 6%, '이성異性에게 인기가 생긴다' 3%였다.

일일이 수치는 들지 않겠지만 '일생에 몇 번은 커다란 것에 도전해보고 싶다', '하고 싶은 것에 아무리 어려운 일이 있어도 도전해보고 싶다'라는 긍정적 생활 방식에 일본 학생은 일반적으로 관심이 없는 반면, '다소 지루하더라도 평온한 생활을 보내고 싶다', '생활할 수 있는 수입이 있다면 한가롭게 살고 싶다', '별로 눈에 띄지 않고 보통인 게 좋다'라는 온건穩健한 생활 방식에 공감을 표하고 있다.

이런 통계를 보면 현재 일본 젊은이들에게는 향상에 대한 동기 부여motivation가 결정적으로 결여되어 있음을 알 수 있다. 젊은 층뿐만이 아니다. 일본인에게는 격렬한 투쟁심이 없다. 필자는 '분노를 망각한 새끼 양들'이라고 표현하는데, 양치기만 뒤따라가는 양은 아무것도 안 해도 되니까 확실히 편할 것이다.

앞의 설문 조사에서 '자신의 회사와 가게를 만들고 싶다'라고 답한 학생은 일본이 26%였던 것에 비해, 중국은 74%였다.

일본인은 부자가 위대하다고 보지 않고 '돈을 모아서 무엇을 할 것인가', '그렇게 돈을 축적해서 무엇이 될 것인가'라고 생각한다. 축재에 대한 정열과 투쟁심이 결여되어 있다. 그렇지만 중국인은 세상과 타인을 신용하지 않고, 자력으로 벌어 자신의 재산을 만들어 좋은 생활을 보내는 데 만족할 줄 모르는 욕망이 있다. 그것이 그들의 역사이다. 돈을 버는 것에 대한 기력, 박력이 완전히 다르다.

중국인에게 현재 가장 돈벌이로 여겨지는 미래 설계는 IT 벤처에 상장上場하는 것일 수도 있겠지만, 이는 간단하지 않다. 그렇다면 공부해서 공무원이 되어 출세하는 것이 가장 확실하다. 따라서 공무원 시험의 경쟁률은 엄청나다. 그 시험에 붙으려면 편차 치가 높은 대학을 나오지 않으면 안 된다. 국민 자체가 교육을 원하고 있다.

필자는 중국 각 지방의 수많은 젊은이들을 만났다. 그들에게 "중국이 일본을 따라잡으려면 아직 20년은 걸린다. 잘난 체해서는 안 된다"라고 말했다. 그렇지만 귀국해서는 '따라잡히는 게 문제가 아니라, 중국을 이 상태로 내버려 두면 일본에 큰일이 날 것'이라고 생각했다.


인센티브를 제시하라


중국은 10년 후 세계 정상에 군림할 것을 당연히 의식하고 있다. 그런 상황을 재미있지 않다고 여기는 일본인이 많을지 모르지만, 현실은 단지 재미있지 않다는 데 그치지 않는다. 일본은 경제대국과 교류하면서 모든 방면에서 중국과는 다른, 한 단계 더 품위 있는 국가를 지향하지 않으면 안 된다.

이렇게 되면 노벨상을 둘러싼 한 줌에 해당하는 소수의 사람들 사이에 벌어지는 경쟁이 아니다. 중국에는 일본인보다도 우수한 사람과 나쁜 사람 모두 압도적으로 많을 것이다. 진짜 문제로 삼아야 하는 것은 중간층의 수준 향상이다.

'2 : 6 : 2 법칙'이 있다. 그 어느 조직에서든 상위 20%가 생산성이 높고, 중위 60%는 그럭저럭, 하위 20%는 낮다는 경험칙經驗則이다. 상위 20%가 이 경험칙에 부합하지 않는다 해도, 남아 있는 80%의 상위 20%가 생산성을 올리게 되고 또 나머지 80%가 다시 2 : 6 : 2 비중으로 나누어진다고 한다.

중위 60%를 끌어올리는 것은 상위 20%이다. 중간층의 수준을 향상하기 위해 상위 20%가 노력하지 않으면 안 된다. 하지만 '어떻게든 위대해지고 싶다'라고 생각하는 젊은이가 9%뿐인 일본 사회의 앞날은 어둡다. 어떻게 하면 좋을까?

우선 동기 부여motivation를 환기시켜야 한다. 위대해져서 좋은 점이 있다면 그것이 사회 전체의 시각에서 보여야 한다. 좋은 대학에 들어가 관료가 되더라도 정부 요인의 눈에 들지 않으면 출세할 수 없다. 이런 사회에서 위대해지겠다고 생각할 사람은 없다. 인센티브를 제공한다면 젊은이들도 달라질 게 틀림없다.

그런 의미에서 일본에 현재 결여되어 있는 것은 '기회의 평등'이다. 일본 사회에서 계층 고정화가 진전되어 수입이 높은 가정일수록 진학률이 높다는 데이터가 있다. 대학에 들어가고 싶다, 학원에 가고 싶다고 하는 젊은이들에게는 장학금을 제공하고, 능력이 있고 노력하는 자에게는 빈부를 불문하고 기회를 주는 시스템이 필요하다.

업무도 그렇다. 고작 대학 4년 동안의 성적만으로 취직 자리가 좌우되고, 취직할 수 없으면 쓰고 버리는 비정규 사원이 된다. 한 차례 쓰고 버리는 노동자가 되면 두 번 다시 빠져나올 수 없다. 이를 기회의 불평등이라 말하지 않을 수 없다.

## 목소리를 내지 않으면 찬성하는 것이다

앞서 살펴본 일본청소년연구소의 설문조사 결과에 따르면, 일본 젊은이들에게 향상하기 위한 동기 부여motivation가 없고, 현상 유지를 지향하는 태도가 얼마나 강한지 알 수 있다. 이런 경향은 사회에 대한 문제의식에서도 마찬가지이다.

젊은 층에만 한정되는 문제도 아니다. 제5장에서 일본의 지적 쇠퇴를 지적했는데, "말을 하려니 입술이 시린" 것인가? 용기를 갖고 자신의 의견을 말하는 식자가 눈에 띄지 않게 되었다. 필자는 학자와 만날 때 "사회를 향해 무언가 말해줄 것은 없는가?"라고 독려해왔는데, 다음과 같은 대답을 듣게 되었다.

"지금은 말한다고 해도 별수 없을 것이다. 절대다수 여당이 말하는 대로 모든 것이 결정된다. 그것을 선택한 것은 국민이다."

본래 젊은이는 그러한 사회에 커다란 반발을 하지 않으면 안 된다. 그렇지만 '나와는 관계없다'라고 생각해버리고 만다. 내버려 두어도 생활에 문제가 생길 리는 없다. 자신의 생활에 어떤 관계도 없다. 진심으로 더 이상 먹고살 수 없게 되면, 그때 가서야 처음으로 자기주장을 시작할 것인가?

그러나 실상을 말하자면, 지금도 이미 크게 직접 관계가 있는 것이다. 그런데 이것을 방치하고 있기 때문에, 쓰고 버려지는 비정규 사원이 갈수록 증가하는 것이다. 젊은이들은 그런 상황에 처해 있으면서도 여전히 자각하지 못한다. 자신의 생활을 지키기 위해 더욱 목소리를 높이지 않으면 안 된다. 목소리를 내지 않으면 말도 안 되는 상황이 벌어지게 된다는 경험이 없는 것이다.

1960년 안보조약 개정 때 당시 총리대신이던 기시 노부스케岸信介는 "목소리 없는 소리에는 귀를 기울이지 않으면 안 된다"라고 말해, 목소리를 내지 않는 자는 개정에 찬성하는 것으로 간주한다고 했다. 즉, 선거에 참여하지 않는 자는 모두 현 정권에 박차를 가하는 사람이 되어버린다. 반대한다면 반대라고 목소리를 내어야 한다. "선거를 해도 바뀌지 않는다"라고 말하면 말할수록 그 어떤 것도 변하지 않는다. '변하지 않는다'라는 사고방식 자체가 '변하지 않는' 원동력이다.

선거를 경시하면 곧 보복을 당하게 된다. 자신의 의지에 반해 말도 안 되는 정권이 생겨날 가능성이 있다.

## 일본을 밀고 사회로 만들어서는 안 된다

이를 최근 가장 강하게 느꼈던 것은 특정비밀보호법안의 강행 채결採決이었다.

방위防衛, 외교, 안전 위협 활동, 테러 네 가지 분야 가운데 특히 비밀로 해야 할 정보를 각 성省(부처)의 대신大臣(장관)이 '특정 비밀'로 지정한다. 공무원이 국가 안보 관련 정보를 외부로 누설하면 최고 징역 10년이 부과된다. 민주주의국가에서는 헌법에 의해 국가권력을 제한하고 국민주권을 지키도록 하고 있다. 그렇지만 국가가 비밀을 인정하고 국민이 거기에 가까이 하지 못하도록 하는 이 법률은 국민 권리의 제한으로 연결되며 민주주의에 역행한다.

무엇이 비밀인지에 대한 규정도 애매하다. 자의적으로 비밀의 범위가 확대되는 것은 아닌지 하는 우려도 있다. 본래는 비밀이 아니었던 것이 비밀로 간주되어 그것을 누설한 죄로 체포될 수도 있다. 즉, 원죄의 온상이 될 수밖에 없다.

이 법률이 자의적으로 운용되면 비밀의 범위가 넓어지고, 또한 무엇이 특정 비밀인지 국민에게는 알려지지 않는다. 부지불식간 비밀을 누설했다고 죄를 물을지도 모르고, 일반 시민도 통보할 수 있기 때문에 밀고密告가 증가할지도 모른다. 가만히 놓아두면 갈수록 어두운 사회가 될 것이다.

이 법률은 국민의 기본적 인권을 보장한 일본 헌법 제11조 및 법 아래의 평등을 정한 제14조에 반할 가능성이 있다. 이 기본적 인권이 자유 획득을 지향한 장기간 노력으로 얻은 불가침의 권리라는 것을 구가한 제97조, 헌법이 국가 최고 법규라는 것을 알린 제98조를 재차 확인해야 한다.

중국 대사로 근무했던 경험을 통해 이 법률의 무서움을 알고 있다. 다양한 정보가 유입되는데 그 기밀도機密度가 어느 정도인지 모두 정확하게 판단할 수 있는 것은 아니다. 담당자가 '비밀' 도장을 찍으면 기밀로 취급한다.

물론 안보상 기밀은 존재하며 지키지 않으면 안 된다. 최초에는 법률의 본래 취지에 따라 운용될지도 모른다. 그렇지만 장래 이 법률을 악용하려는 자가 나타나는 사태도 상정해 두지 않으면 안 된다.

재일 조선인在日朝鮮人 지인에게 북한의 처참한 밀고 현상에 대해 들은 적이 있다. 그는 "북한에서는 부부마저 서로 신용할 수 없다"라고 말했다.

예를 들어 남편이 체제를 비판하는 언동을 했다고 하자. 이를 들은 부인이 침묵하면 어떻게 될 것인가? 만약 이웃 사람이 밀고한다면, 가족 전원이 남편의 언동을 숨겼다고 간주되어 가족 혹은 일족이 처형되고 강제 노동소에 보내질지도 모른다. 부인은 아이들과 일족을 지키기 위해서 힘들어도 견뎌내면서 가슴이 갈기갈기 찢기는 듯한 마음으로 남편을 밀고한다. 북한에서는 이런 일이 일어나고 있다는 것이다.

밀고 사회는 이처럼 음참陰慘한 생활을 강요한다. 그 단서가 될 수밖에 없는 비밀보호법에 반대를 계속하고 국가의 재량권을 견제·제한하지 않으면 안 된다.

**맺음말**

# 10년 후에 죽을지도 모르는 한 사람의 메시지

앞으로의 일본을 어떤 국가로 만들 것인가? 장래 국가의 형태를 어떻게 설계하면 좋을까? 필자는 이 질문을 자기 스스로에게는 물론이고 정치가와 기업가들에게도 던져왔다.

10~20년 후의 일본을 어떻게 할 것인가 하는 문제에 늙은 이가 뻔뻔스레 나설 일은 아니다. 10년 후에 죽을지도 모르는 사람이 그 시기의 그림을 그리는 것은 무책임하다.

10년 후에 열심히 현역으로 활동하고 있을 50~60대 장년 층이야말로 미래의 일본을 그리지 않으면 안 된다. 정계, 경제계도 마찬가지이다. 70~80대 늙은이가 담당할 수 있는 자리는 수장이 아니라 기껏해야 조언자일 것이다. 권한과 책임은 동전의 앞뒤이다. 책임은 없고 권한만 행사한다면 중국의 국유기업과 같이 언젠가 부패한다.

일본 인구는 감소하고 있다. 이는 전 세계가 알고 있는 엄연한 사실이다. 저출산 고령화로 인해 일하는 인구의 비중도

줄어든다. 앞으로 고령화한 사회에서 어떻게 살아갈 것인가? 일본이 앞장서서 그 모델을 만들지 않으면 안 된다.

과거 일본 경제가 세계를 이끌었던 시대에 원료 자원이 없는 일본에게 유일한 자원은 '인재'였다. 그들이 우수한 기술과 제품을 만들어내고 국력을 밑받침해왔다.

일본이 유일하게 할 수 있는 것은 일본 국민이 세계의 어떤 국민보다도 신뢰할 수 있는 민족임을 알리고, 세계에 자랑할 수 있는 기술과 제품을 만드는 것이다. 이는 예전이나 지금이나 모두 변함이 없다.

환언하자면 양적 성장이 아니라 질적 성장을 지향하는 사회라고 해도 좋을 것이다. 이때 질이란 안심과 안전을 실현하는 우수한 기술과 제품을 의미한다. 그 질을 향상시켜간다면 기술혁신은 진전되고 소프트 파워는 더욱 개선되어, 인간의 가치가 높아진다.

정치와 외교에서도 마찬가지이다. 아시아에서 일본의 위치를 유지하기 위해서는 "전쟁에 대한 인식과 반성이 충분하지 않다"라고 비판받는 것이 아니라, "역시 훌륭한 국민"이라고 칭찬받도록 되지 않으면 안 된다. 그래야만 '농업입국'(교육, 사람, 물, 빛, 땅), '관광입국'(교육, 사람, 경승, 서비스), '무역입국'(교육, 사람, 기술) 등의 전략이 성립된다.

일본은 그 어떤 국가와 싸우는 것도 국민을 위해 해서는 안 된다. 그러한 의미에서 일본은 가장 세계의 평화를 바라지 않으면 안 되는 국가인 것이다. 이는 중일 관계를 위시해 미래의 일본을 설계할 때 명심해야 할 사항이다.

마지막으로 이 책을 집필하는 데 저널리스트 가타오카 요시히로片岡義博, 미디어 프레스의 오카무라 히로쓰구岡村啓嗣, PHP 연구소 신서新書 출판부의 하야시 가즈키林知輝 씨로부터 귀중한 의견을 받았다. 이 자리를 빌어 감사의 말씀을 전한다.

2014년 5월
니와 우이치로

# 옮긴이 후기

持而盈之, 不若其已
『老子』

同難相濟, 同道相成
『素書』

謀事在人, 成事在天
『三國志演義』


　　이 책은 니와 우이치로 전임 주중 일본 대사가 집필한『중국의 대문제中國の大問題』(2014)의 한국어판이다. 여러 차례 숙고를 거쳐 한국어판 제목을『질주하는 중국: 중국 문제, 어떻게 볼 것인가?』로 정했다. 향후 중국의 대문제大問題가 궁극적으로 발현되는 과정 가운데, 한반도의 견지에서 예측하기 어려운 모습으로 구현되어 지대한 영향을 미치게 될 것이 틀림이 없다는 관점에 따른 것이었다.

　　자고이래自古以來 중국의 정치적·경제적·군사적·문화적 발전 양상과 흐름은 시간적·공간적으로 한반도에 돌이킬 수 없는 영향을 미쳐왔다. 일례로 한반도의 분단은 중국국민당과 중국공산당 사이의, 이른바 '국공분열國共分裂'에서 그 기원의 일단을 살펴볼 수 있다. 또한 향후 한반도의 통일 과정에서 핵심 변수의 하나로 '중국'의 역할을 도외시할 수 없다는 측면에서 '중국 문제'는 중국 일국一國의 문제일 뿐만 아니라, 그 자체로 한국의 문제이기도 하다.

이 책의 지은이는 일본의 저명한 실업가로서 실용주의 정신과 현장 중심의 발상을 중시하며 중국과 긴밀한 관계를 맺어왔다. 또한 주중 일본 대사로서 중일 관계의 발전을 위해 크게 이바지했다. 그런 맥락에서 지은이가 짚어내고 있는 중국의 정치, 경제, 지방, 소수민족, 중일 관계, 안전보장 등 제반 분야의 문제점과 향후 전망은 한국이 '차이나 리스크'에 미리 대비하는 데 많은 도움을 제공할 것이다.

2014년 여름 필자는 일본 나고야名古屋에 잠시 머물면서 당시 일본의 '베스트셀러'였던 이 책을 입수했고, 이후 국내에 소개하기 위한 작업을 단계적으로 진행해왔다. 무엇보다 어려운 여건 속에서도 이 책이 신속하게 출간될 수 있도록 물심양면 지원해준 도서출판 한울의 김종수 사장님을 비롯해 모든 분에게 진심으로 감사의 말씀을 전해드리고자 한다.

아울러 일반 독자의 입장에서 바쁜 가운데 번역 초고의 내용을 읽고 소중한 조언을 해주었던 이동건(서울대 법학전문대학원 석사과정, 서울대 한반도문제연구회 전임 회장), 김동욱(서울대 정치외교학부 정치학전공, 한반도아시아국제관계연구회韓亞會, KPAIR 연구원), 손하늘(서울대 정치외교학부, 한반도아시아국제관계연구회韓亞會, KPAIR 연구원, 아시아법학생연합 ALSA 학술위원) 세 후배들에게 진심 어린 고마움을 전하고자 한다.

마지막으로 중국의 '영원한 총리' 저우언라이는 "일본의 전쟁범죄에 대해 중국은 배상을 요구하지 않는다"라고 선언한 바 있다. 역사적으로 볼 때 일본은 한국, 미국, 중국 모두에게 '가해자'였음에도 지금은 '피해자'인 것처럼 행세하고 있다. 이 책의 지은이가 일부 지적하고 있는 것처럼, 중일 관계는 물론 한일 관계에서 일본이 심각한 실책失策을 재차 범한다면 저우 언라이 총리의 상기 발언에 숨어 있는 또 다른 형태의 의미가 결국 가시적으로 나타날 것임을, 일본 위정자들은 그 어느 때 보다 심각하게 명심해야 할 것이다(롬 8:28).

2015년 1월
제주도 '사라오름'에서
이용빈

# 부록 1

## 저우언라이周恩來에게 보내는 이시바시石橋의 서간

이시바시 3원칙, 1959년 6월 4일, 이시바시 단잔石橋湛山

출처: 주중 일본 대사관 홈페이지

중화인민공화국 저우언라이 국무원 총리 각하

일찍이 내가 일본 총리대신으로서 내각을 조직했을 때 염원 가운데 한 가지는 귀국과 제휴를 꾀하고, 그 힘을 지렛대로 삼아 세계 평화를 실현하고 싶다는 것이었습니다. 그런데 불행하게도 아직 그 어떤 일도 이루지 못한 가운데, 헤아릴 수 없는 병에 걸려 총리 지위에서 물러나기에 이르렀습니다. 그리고 그 이후 2년 반 동안 귀국과 제휴를 바랐던 나의 꿈과는 현저하게 다르게 되어, 지금 사태는 당시보다도 심각하게 악화되기에 이르렀습니다. 이 상태를 추이에 맡기게 된다면 단순히 일중 양국 국민뿐만 아니라 세계 모두에게 대단한 불행을 끼칠 것입니다.

그러므로 내가 이하 기록하는 말에 이론異論이 없다면, 각하는 꼭 이를 위해 힘을 빌려주기 바라며, 나는 본래부터 미력微力을 다해 일본 국민에 대한 설득을 유도하고 그 실현에 매진할 각오입니다. 그렇지만 그러기 위해서는 각하 귀국의 협력이 반드시 필요합니다.

① 중화인민공화국과 일본국 양국(이하 양국으로 지칭함)은 마치 한 국가처럼 일치단결하여, 동양의 평화를 지키고, 아울러 세계 전체의 평화를 촉진하도록 모든 정책을 지도하는 것.

② 양국은 이상의 목적을 달성하기 위해 경제에서, 정치에서, 문화에서, 가능한 한 국경의 장애를 철거하고, 상호 교류를 자유롭게 하는 것. 그 구체적 방법으로는 실제로 입각해 양국이 협의 결정하는 것.

③ 양국이 소련, 북미 합중국 기타와 맺어온 기존의 관계는 양국 상호 간에 존중하고 급히 변경을 요구하지 않는 것. 그렇지만 가능한 한 이러한 관계를 전기前記의 목적 실현에 유용하게 활용하는 데 노력하는 것. 그 구체책具體策에 대해서는 이 또한 양국의 격의 없는 협의에 의하는 것.

양국이 이상의 이상理想으로서 제휴하게 되면, 양국의 힘은 능히 세계를 움직이고도 남을 것입니다. 나는 이렇게 믿고 또한 각하가 반드시 이것에 찬조贊助를 내리리라 확신하며 이 서간을 확인합니다.

또한 이상의 실행에 대한 구체책을 협의하기 위해, 나는 병후라도, 어느 때라고 해도 각하를 방문할 용의가 있습니다. 편하실 때 답장을 준다면 영광일 것입니다.

## 일본 정부와 중화인민공화국 정부의 공동성명

1972년 9월 29일, 다나카 가쿠에이田中角榮·저우언라이周恩來

출처: 주중 일본 대사관 홈페이지

일본 내각 총리대신 다나카 가쿠에이는 중화인민공화국 국무원 총리 저우언라이의 초대에 의해, 1972년 9월 25일부터 9월 30일까지 중화인민공화국을 방문했다. 다나카 총리대신에게는 오히라 마사요시大平正芳 외무대신, 니카이도 스스무二階堂進 내각 관방장관 외에 기타 정부 직원이 수행했다.

마오쩌둥毛澤東 주석은 9월 27일에 다나카 총리대신과 회견했다. 쌍방은 진실되고 우호적인 대화를 행했다.

다나카 총리대신 및 오히라 외무대신과 저우언라이 총리 및 지펑페이姬鵬飛 외교부장은 일중 양국 간 국교 정상화 문제를 위시한 양국의 여러 문제 및 쌍방이 관심을 갖고 있는 기타 문제에 대해 시종始終 우호적인 분위기에서 진지하고 솔직하게 의견을 교환하고, 다음 양 정부의 공동성명을 발출하는 것에 합의했다.

일중 양국은 일의대수—衣帶水 사이에 있는 이웃 나라이며, 긴 전통적 우호의 역사를 갖고 있다. 양국 국민은 양국 간에 이제까지 존재했던 비정상적인 상태에 종지부를 찍는 것을 간절히 바라고 있다. 전쟁 상태의 종결과 일중 간 국교의 정상화라고 하는 양국 국민의 원망願望의 실현은 양국 관계의 역사에 새로운 한 페이지를 여는 장이 될 것이다.

일본은 과거에 일본국日本國이 전쟁을 통해서 중국 국민에게 중대한 손해를 입혔다는 것에 대한 책임을 통감하며 깊게 반성한다. 또한 일본은 중화인민공화국 정부가 제기한 '복교復交 3원칙'을 충분히 이해하는 입장에 서서 국교 정상화의 실현을 꾀하고자 하는 견해를 재확인한다. 중국은 이것을 환영하고 있는 것이다.

일중 양국 간에는 사회제도의 차이가 있음에도 불구하고, 양국은 평화우호 관계를 수립해야 하며, 또한 수립하는 것이 가능하다. 양국 간 국교를 정상화하고, 상호 간에 선린우호 관계를 발전시키는 것은 양국 국민의 이익에 합치하는 바이며, 또한 아시아에서 긴장 완화와 세계 평화에 공헌하는 것이다.

① 일본국과 중화인민공화국 간의 이제까지의 비정상적인 상태는 이 공동성명이 발출發出되는 날에 종료된다.

② 일본국 정부는 중화인민공화국이 중국의 유일한 합법 정부라는

것을 승인한다.

③ 중화인민공화국 정부는 타이완이 중화인민공화국 영토의 불가분의 일부라는 것을 거듭하여 표명한다. 일본국 정부는 이 중화인민공화국 정부의 입장을 충분히 이해하고 존중하며, 포츠담 선언 제8항에 기초한 입장을 견지한다.

④ 일본국 정부 및 중화인민공화국 정부는 1972년 9월 29일부터 외교 관계를 수립하기로 결정했다. 양 정부는 국제법 및 국제 관행에 따라, 각각의 수도에서 타방他方의 대사관 설치 및 그 임무 수행을 위해 필요한 모든 조치를 취하고, 또한 가능한 한 신속히 대사를 교환하는 것을 결정했다.

⑤ 중화인민공화국 정부는 중일 양국 국민의 우호를 위해서 일본국에 대한 전쟁 배상의 청구 포기를 선언한다.

⑥ 일본국 정부 및 중화인민공화국 정부는 주권 및 영토 보전의 상호 존중, 상호 불가침, 내정에 대한 상호 불간섭, 평등과 호혜 및 평화공존의 제반 원칙의 기초 위에서 양국 간의 항구적 평화우호 관계를 확립하는 것에 합의한다.

양 정부는 이상의 제반 원칙 및 국제연합 헌장의 원칙에 기초하여 일본국 및 중국이 상호 관계에서 모든 분쟁을 평화적 수단에 의해 해결하고, 무력 또는 무력에 의한 위협에 호소하지 않는 것을 확인한다.

⑦ 일중 양국 간 국교 정상화는 제3국에 대한 것이 아니다. 양국 어느 쪽도 아시아·태평양 지역에서 패권을 추구해서는 안 되며, 이와 같은 패권을 확립하고자 하는 다른 그 어떤 국가 혹은 국가 집단에 의한 시도에도 반대한다.

⑧ 일본국 정부 및 중화인민공화국 정부는 양국 간 평화우호 관계를 강고强固히 하고 발전시키기 위해 평화우호조약의 체결을 목적으로 하여 교섭을 행하는 것에 합의했다.

⑨ 일본국 정부 및 중화인민공화국 정부는 양국 간 관계를 가일층 발전시켜, 인적人的 왕래를 확대하고자 필요에 응해, 또한 기존의 민간 합의도 고려하면서 무역, 해운, 항공, 어업 등의 사항에 관한 협정 체결을 목적으로 교섭을 행하는 것에 합의했다.

**부록 3**

## 일본국과 중화인민공화국 간 평화우호조약

1978년 8월 12일, 소노다 스나오園田直·황화黃華

출처: 주중 일본 대사관 홈페이지

일본국 및 중화인민공화국은 1972년 9월 29일 베이징에서 일본국 정부 및 중화인민공화국 정부가 공동성명을 발출發出한 이래 양국 정부 및 양 국민 간 우호 관계가 새로운 기초 위에서 커다란 발전을 이루고 있다는 데 만족의 뜻을 가지고 회고하며, 전기前記의 공동성명이 양국 간 평화우호 관계의 기초가 되고 있다는 점과 전기의 공동성명에 제시된 제반 원칙이 엄격하게 준수되어야 한다는 점 외에 국제연합 헌장의 원칙이 충분히 존중되어야 한다는 점을 확인하고, 아시아 및 세계 평화의 안정에 기여하는 것을 희망하고, 양국 간 평화우호 관계를 강고히 하고 발전시키기 위해 평화우호조약을 체결하는 것을 결정하고, 이를 위해 다음과 같이 각각 전권全權 위원을 임명했다.

일본국 외무대신 소노다 스나오

중화인민공화국 외교부장 황화


이러한 전권 위원은 상호 간에 그 전권 위임장을 제시하고, 그것이 양호良好하고 타당하다는 것을 인정받은 이후 다음과 같이 협정했다.


제1조

1. 양 체약국은 주권 및 영토 보전의 상호 존중, 상호 불가침, 내정에 대한 상호 불간섭, 평등·호혜·평화공존 제반 원칙의 기초 위에서, 양국 간 항구적인 평화우호 관계를 발전시키는 것으로 한다.

2. 양 체약국은 전기의 제반 원칙 및 국제연합 헌장의 원칙에 기초하여, 상호 관계에서 모든 분쟁을 평화적 수단에 의해 해결하며 또한 무력 혹은 무력에 의한 위협에 호소하지 않는 것을 확인한다.


제2조

양 체약국은 그 어떤 쪽도 아시아·태평양 지역에서도 또는 다른 그 어떤 지역에서도 패권을 추구해서는 안 되며, 또한 이와 같은 패권을 확립하고자 하는 다른 그 어떤 국가 또는 국가 집단에 의한 시도에도 반대하는 것을 표명한다.

제3조

양 체약국은 선린우호의 정신에 기초하여, 또한 평등·호혜·내정에 대한 상호 불간섭의 원칙에 따라, 양국 간 경제 관계 및 문화 관계의 가일층 발전 및 양 국민 교류 촉진을 위해서 노력한다.

제4조

이 조약은 제3국과의 관계에 관한 각 체약국의 입장에 영향을 미치는 것이 아니다.

제5조

1. 이 조약은 비준되는 것으로 하고, 도쿄에서 행해진 비준서 교환일에 효력이 발생한다. 이 조약은 10년간 효력을 보유하는 것으로 하고, 그 이후에는 2의 규정에 정해진 바에 의해 종료할 때까지 효력이 존속된다.

3. 그 어떤 일방의 체약국도 1년 전에 타방의 체약국에 대해서 문서에 의한 예고를 부여하는 것에 의해 최초 10년 '기간 만료'의 때 또는 그 이후 언제라도 이 조약을 종료시킬 수 있다.

## 위안부 관계 조사 결과 발표에 관한
## 고노河野 내각 관방장관 담화

1993년 8월 4일, 고노 요헤이河野洋平

출처: 주중 일본 대사관 홈페이지

이른바 종군 위안부 문제에 대해서 정부는 재작년 12월부터 조사를 진행해왔는데, 이번에 그 결과가 매듭지어졌기에 발표하게 되었다.

이번 조사 결과, 장기간 또한 광범위한 지역에 걸쳐 위안소가 설치되어 수많은 위안부가 존재했던 것이 인정되었다. 위안소는 당시 군 당국의 요청에 의해 설영設營되었던 것이며 위안소의 설치, 관리, 이송에 대해서는 구舊일본군이 직접 혹은 간접적으로 이것에 관여했다. 위안부 모집에 대해서는 군의 요청을 받은 업자가 주로 이것을 담당했는데, 그 경우도 감언과 강압에 의한 것 등, 본인의 의사에 반해 모집된 사례가 많으며, 또한 관헌官憲 등이 직접 이것에 가담한 경우도 있었던 것이 명백했다. 또한 위안소에서의 생활은 강제적인 상황 아래 참혹한 것이었다.

또한 전지戰地에 이송된 위안부의 출신지에 대해서 일본을 별도로 한다면 한반도가 큰 비중을 차지했는데, 당시 한반도는 일본의 통치 아래 있었기 때문에 이와 관련된 모집, 이송, 관리 등도 감언과 강압에 의한 것 등, 대체로 본인들의 의사에 반해 이루어졌다.

어쨌든 이 건은 당시 군의 관여 아래 여성 다수의 명예와 존엄을 심각하게 상처 입힌 문제이다. 정부는 이 기회에 재차 그 출신지 여하를 불문하고, 이른바 종군 위안부로서 수많은 고통을 경험하고, 심신에 걸쳐 씻기 어려운 상처를 입은 모든 분에 대해 마음으로부터 사과와 반성의 뜻을 표한다. 또한 그와 같은 뜻을 우리 나라의 입장에서 어떻게 표할 것인가 하는 것에 대해서는 유식자有識者의 의견 등도 구하면서 향후 진지하게 검토해야 하는 것이라고 생각한다.

우리는 이와 같은 역사의 진실을 회피하지 않고, 오히려 이것을 역사의 교훈으로서 직시하고자 한다. 우리는 역사 연구, 역사 교육을 통해서 이와 같은 문제를 영원히 기억에 남기고 같은 과오를 결코 반복하지 않는다고 하는 굳은 결의를 재차 표명한다.

또한 이 문제에 대해서는 본국에서 소송이 제기되어 있고, 또한 국제적으로도 관심이 모이고 있으며, 정부로서도 앞으로 민간 연구를 포함하여 충분히 관심을 기울이고자 한다.

## 부록 5

## 전후 50주년 종전 기념일에 즈음하여

무라야마村山 담화, 1999년 8월 15일, 무라야마 도미이치村山富市

출처: 주한 일본 대사관 자료

지난 대전大戰이 종말을 고한 지 50년 세월이 흘렀다. 다시금 그 전쟁으로 인해 희생된 내외內外의 많은 이들을 상기하면 만감에 가슴이 저미는 바가 있다.

패전 후 일본은 불타 버린 폐허 속에서 수많은 어려움을 극복하면서 오늘날의 평화와 번영을 구축해왔다. 그것은 우리의 자랑이며 그것을 위하여 기울인 국민 여러분 한 분 한 분의 영지英知와 꾸준한 노력에 대하여, 나는 진심으로 경의의 뜻을 표하는 바이다. 여기에 이르기까지 미국을 비롯한 세계 여러 나라에서 보내준 지원과 협력에 다시 한 번 심심한 사의를 표한다. 또 아시아·태평양의 이웃 국가들, 미국, 유럽 국가들과의 사이에 오늘날과 같은 우호관계를 구축하게 된 것을 진심으로 기쁘게 생각한다. 오늘날 일본은 평화롭고 풍요로워졌지만 우리는 자칫하면 이 평화의 존귀함과 고마움을 잊어버리기 쉽다. 우리는 과거의 잘못을 두 번 다시 되풀이하지 않도록 전쟁의 비참함을 젊은 세대에 전하지 않으면 안 된다. 특히 이웃 국가들의 국민과 협조하여 아시아·태평양 지역, 더 나아가 세계의 평화를 확고히 해나가기 위해서는 무엇보다도 이들 여러 나라와의 사이에 깊은 이해와 신뢰를 바탕으로 하는 관계를 키워나가는 것이 불가결하다고 생각한다. 정부는 이러한 생각을 바탕으로, 특히 근현대에서 일본과 이웃 아시아 국가들의 관계에 관한 역사 연구를 지원하고 각국과의 교류를 비약적으로 확대시키기 위하여 이 두 가지를 축으로 하는 평화우호 교류사업을 전개하고 있다. 또한 현재 힘을 기울이고 있는 전후戰後 처리 문제에 대하여도 일본과 이들 나라와의 신뢰 관계를 한층 강화하기 위하여 나는 앞으로도 성실히 대응해나가겠다.

지금 전후 50주년이라는 길목에 이르러 우리가 명심해야 할 것은, 지나온 세월을 되돌아보면서 역사의 교훈을 배우고 미래를 바라다보며 인류 사회의 평화와 번영에 이르는 길을 그르치지 않게 하는 것이다.

우리 나라는 멀지 않은 과거의 한 시기에 국가정책을 그르치고 전쟁에의 길로 나아가 국민을 존망의 위기에 빠뜨렸으며, 식민지 지배와 침략으로 많은 나라들, 특히 아시아 국가들의 여러 이들에게 다대한 손해와 고통을 주었다.

나는 미래에 잘못이 없도록 하기 위하여 의심할 여지도 없는 이와 같은 역사의 사실을 겸허하게 받아들이고, 여기서 다시 한 번 통절한 반성의 뜻을 표하며 진심으로 사죄의 마음을 표명한다. 또한 이러한 역사로 인해 생겨난 내외의 모든 희생자 여러분에게 깊은 애도의 뜻을 바친다.

　패전의 날로부터 50주년을 맞이한 오늘, 우리 나라는 깊은 반성에 입각하여 독선적인 민족주의nationalism를 배척하고 책임 있는 국제사회의 일원으로서 국제협조를 촉진하고 그것을 통하여 평화의 이념과 민주주의를 널리 확산시켜나가야 한다. 그와 동시에 우리 나라는 유일한 피폭국이라는 체험을 바탕으로 해서, 핵무기의 궁극적인 폐기를 지향하여 핵 확산 금지 체제의 강화 등 국제적인 군축을 적극적으로 추진해나가는 것이 간요肝要하다. 이것이야말로 과거에 대한 속죄이며 희생된 분들의 영혼을 달래는 길이 되리라고 확신한다.

　"의지하는 데는 신의보다 더한 것이 없다"라고 한다. 이 기념할 만한 때에 즈음하여 신의를 시책의 근간으로 삼을 것을 내외에 표명하며, 이를 내 다짐의 말에 대신하고자 한다.

평화와 발전을 위한 우호 협력 파트너십 구축에 관한
일중 공동선언

1998년 11월 26일, 오부치 게이조小渕惠三·장쩌민江澤民

출처: 주중 일본 대사관 홈페이지

일본국 정부의 초대에 응하여, 장쩌민 중화인민공화국 주
석은 1998년 11월 25일부터 30일까지 국빈으로서 일본국을
공식 방문했다. 역사적 의의가 있는 중국 국가주석의 최초 일
본 방문에 즈음하여, 장쩌민 주석은 천황 폐하와 회견하는 것
과 더불어 오부치 게이조 내각 총리대신과 국제정세, 지역 문
제 및 일중 관계 전반에 대해서 깊은 의견 교환을 행하고, 광
범위한 공통 인식에 도달하고, 이 방문의 성공에 입각하여 다
음과 같이 공동으로 선언했다.

1.

쌍방은 냉전 종식 이후, 세계가 새로운 국제질서 형성을 향
하여 커다란 변화를 하고 있는 가운데, 경제가 더욱 글로벌화
됨에 따라 상호의존 관계는 심화되고, 또한 안전보장에 관한

대화와 협력도 끊임없이 진전되고 있다는 인식에 일치했다. 평화와 발전은 여전히 인류 사회가 직면하고 있는 주요한 과제이다. 공정하고 합리적인 국제정치·경제의 새로운 질서를 구축하고, 21세기에 더욱 흔들림 없는 평화적인 국제환경을 추구하는 것은 국제사회 공통된 바람이다.

쌍방은 주권 및 영토 보전의 상호 존중, 상호 불가침, 내정에 대한 상호 불간섭, 평등 및 호혜, 평화공존의 제반 원칙 및 국제연합 헌장의 원칙이 국가 간 관계를 처리하는 기본 원칙이라는 점을 확인했다.

쌍방은 국제연합이 세계 평화를 수호하고, 세계의 경제 및 사회의 발전을 촉진해가는 데 치른 노력을 적극적으로 평가하고, 국제연합이 국제 신新질서를 구축하고 유지하는 데 중요한 역할을 수행해야 한다고 생각한다. 쌍방은 국제연합이 그 활동 및 정책 결정 과정에서 전체 가맹국의 원망願望과 전체의 의사를 더욱 잘 체현하기 위해서 안전보장이사회를 포함한 개혁을 행하는 것에 찬성한다.

쌍방은 핵무기의 궁극적 폐절廢絶을 주장하고, 그 어떤 형태의 핵무기 확산에도 반대한다. 또한 아시아 지역 및 세계의 평화와 안정에 도움이 되도록 관계국에 일체의 핵실험과 핵군비경쟁의 중단을 강하게 호소한다.

쌍방은 일중 양국이 아시아 지역 및 세계에 영향력을 보유하고 있는 국가로서 평화를 지키고, 발전을 촉진하는 데 중요한 책임을 지고 있다고 생각한다. 쌍방은 국제정치·경제, 지구 규모의 문제 등에서 협조와 협력을 강화하고, 세계의 평화와 발전, 나아가 인류의 진보라고 하는 사업을 위해 적극적인 공헌을 행해나간다.

2.

쌍방의 생각에 따르면, 냉전 이후 아시아 지역의 정세는 계속해서 안정의 방향으로 향하고 있으며 역내 협력도 가일층 심화되고 있다. 그리고 쌍방은 국제정치·경제 및 안전보장에 대해 이 지역의 영향력이 더욱 확대되어, 다음 세기에도 계속해서 중요한 역할을 수행하게 될 것이라고 확신한다.

쌍방은 이 지역의 평화를 유지하고, 발전을 촉진시키는 것이 양국의 흔들림 없는 기본 방침이라는 것, 또한 아시아 지역에서 패권을 추구하지 않으며, 무력 또는 무력에 의한 위협에 호소하지 않고, 모든 분쟁은 평화적 수단에 의해 해결되어야 한다는 것을 재차 표명했다.

쌍방은 현재 동아시아의 금융 위기 및 그것이 아시아 경제에 가져온 어려움에 대해 큰 관심을 표명했다. 그와 동시에 쌍방은 이 지역의 경제 기초는 강고하다고 인식하며, 경험에 입각한 합리적인 조정과 개혁의 추진 그리고 역내 및 국제적

협조와 협력의 강화를 통해서 아시아 경제는 반드시 어려움을 극복하고 계속해서 발전할 수 있다고 확신한다. 쌍방은 직면한 각종 도전에 적극적으로 맞서 이 지역의 경제 발전을 촉진하기 위해 각각 가능한 한 노력을 행하는 것에 일치했다.

쌍방은 아시아·태평양 지역 주요국 간의 안정적인 관계는 이 지역의 평화와 안정에 대단히 중요하다고 생각한다. 쌍방은 '아세안지역안보포럼ARF' 등 이 지역에서 모든 다국 간 활동에 적극적으로 참가하고, 또한 협조와 협력을 추진하며, 이해 증진과 신뢰 강화에 노력하는 모든 조치에 대해 지지하는 것에 의견의 일치를 보았다.


3.

쌍방은 일중 국교 정상화 이래 양국 관계를 회고하고 정치, 경제, 문화, 인적 왕래 등의 각 분야에서 눈이 휘둥그레질 정도의 발전을 이룬 것에 만족의 뜻을 표명했다. 또한 쌍방은 목하目下 정세에서 양국 간 협력의 중요성이 가일층 증가하고 있다는 점, 그리고 양국 간 우호 협력을 강고하게 발전시키는 것은 양국 국민의 근본적인 이익에 합치할 뿐만 아니라 아시아·태평양 지역, 나아가서는 세계의 평화와 발전에 적극적으로 공헌하는 것이라는 데 인식의 일치를 보았다. 쌍방은 일중 관계가 양국 그 어느 쪽에도 가장 중요한 양국 간 관계의 한

가지라는 점을 확인하는 것과 함께, 평화와 발전을 위한 양국의 역할과 책임을 깊게 인식하고, 21세기를 향하여 평화와 발전을 위한 우호 협력 파트너십의 확립을 선언했다.

쌍방은 1972년 9월 29일에 발표된 일중 공동성명 및 1978년 8월 12일에 서명된 일중 평화우호조약의 제반 원칙을 준수하는 것을 재차 표명하고, 상기 문서는 향후에도 양국 관계의 가장 중요한 기초라는 것을 확인했다.

일중 양국은 2000여 년에 걸친 우호 교류의 역사와 공통의 문화적 배경을 갖고 있으며, 이와 같은 우호 전통을 계승하여 가일층 호혜 협력을 발전시키는 것이 양국 국민의 공통된 바람이라는 인식에 일치했다.

쌍방은 과거를 직시하고 역사를 바르게 인식하는 것이 일중 관계를 발전시키는 중요한 기초라고 생각한다. 일본은 1972년 일중 공동성명 및 1995년 8월 15일 내각 총리대신 담화를 준수하고, 과거 한 시기 중국에 대한 침략에 의해 중국 국민에게 다대多大한 재난과 손해를 끼쳤던 책임을 통감하고, 이것에 대해 깊은 반성을 표명했다. 중국은 일본이 역사의 교훈으로부터 배우고, 평화 발전의 길을 견지하기를 희망한다. 쌍방은 이 기초 위에서 장기간에 걸쳐 우호 관계를 발전시켰다.

쌍방은 양국 간 인적 왕래를 강화하는 것이 상호 이해의 증진 및 상호 신뢰 강화에 대단히 중요하다는 인식에 일치했다.

쌍방은 매년 어느 쪽이든지 한쪽 국가의 지도자가 상대국을 방문하는 것, 도쿄와 베이징에 양 정부 간의 핫라인을 설치하는 것, 또한 양국의 각 계층, 특히 양국 미래의 발전이라는 중귀重責를 담당할 청소년 간 교류를 더욱 강화해간다는 것을 확인했다.

쌍방은 평등 호혜의 기초 위에 서서, 장기간 안정적인 경제·무역 협력 관계를 수립하고 첨단 기술, 정보, 환경보호, 농업, 인프라 등의 분야에서 협력을 더욱 확대하는 것에 의견의 일치를 보았다. 일본 측은, 안정적이며 개방되어 발전하는 중국이 아시아·태평양 지역 및 세계의 평화와 발전에 중요한 의의를 갖고 있고, 계속해서 중국의 경제 발전에 협력과 지원을 행한다고 하는 방침을 거듭 표명했다. 중국은 일본이 이제까지 중국에 행해왔던 경제 협력에 감사의 뜻을 표명했다. 일본은 중국이 세계무역기구의 조기 가입을 실현하기 위해 쏟고 있는 노력을 계속해서 지지해간다는 것을 거듭 표명했다.

쌍방은 양국의 안전보장 대화가 상호 이해 증진에 유익한 역할을 수행하고 있다는 것을 적극적으로 평가하고, 이러한 대화 메커니즘을 더욱 강화하는 것에 대해 의견의 일치를 보았다.

일본은 일본이 일중 공동성명 가운데에서 표명한 타이완 문제에 관한 입장을 계속해서 준수하고, 다시금 중국은 하나라고 하는 인식을 표명한다. 일본은 계속해서 타이완과 민간 및 지역적인 왕래를 유지한다.

쌍방은 일중 공동성명 및 일중 평화우호조약의 제반 원칙에 기초하여, 또한 소이小異를 남기고 대동大同을 지향한다는 정신에 기반을 두고, 공통의 이익을 최대한으로 확대하고 상이점을 축소하는 것과 함께, 우호적 협의를 통해서 양국 간에 존재하는 그리고 향후 출현할지도 모르는 문제, 의견의 차이, 싸움을 적절하게 처리하고, 이 때문에 양국의 우호 관계 발전이 방해받고 저해되는 것을 회피해간다는 것에 의견의 일치를 보았다.

쌍방은 양국이 평화와 발전을 위한 우호 협력 파트너십을 확립하는 것에 의해 양국 관계가 새로운 발전 단계에 진입한다고 생각한다. 그것을 위해서는 양국 정부뿐만 아니라 양국 국민의 광범위한 참가와 끊임없는 노력이 필요하다. 쌍방은 양국 국민이 함께 손을 잡고 이 선언에 제시된 정신을 남김없이 발휘한다면 양국 국민의 세세대대世世代代에 걸친 우호에 기여할 뿐만 아니라, 아시아·태평양 지역 및 세계의 평화와 발전에도 반드시 중요한 공헌을 하게 될 것으로 굳게 믿는다.

## 부록 7

### 중국인민항일전쟁기념관中國人民抗日戰爭記念館 방문 후 고이즈미小泉 총리의 발언

2001년 10월 8일, 고이즈미 준이치로小泉純一郎

출처: 주중 일본 대사관 홈페이지

오늘 나는 루거우차오盧溝橋를 방문했는데, 이전부터 한 차례 오고 싶다고 생각했다. 역사를 좋아하고, 언제나 역사책 혹은 역사에 관한 소설에 흥미가 있었어서 관심이 있었기 때문이다. 오늘 이리하여 이 기념관을 배견拜見했는데, 재차 전쟁의 비참함을 통감했다. 침략에 의해 희생된 중국인들에 대해서 마음으로부터의 사과와 애도를 품고 전시를 보았다. 두 번 다시 전쟁을 일으켜서는 안 된다고 하는 그러한 것이 전쟁의 참화慘禍에 의해 쓰러져 갔던 사람의 마음에 부응하는 것이 아닌가? 그러한 마음으로 일중 관계는 일본과 중국만의 우호 평화를 위한 것이 아니라 아시아, 더 나아가 세계의 평화를 위해서도 대단히 중요한 이국二國 간 관계라고 생각한다.

21세기가 되어 9월 11일 미국에서 발생한 테러 공격은 완전히 새로운 형태의 전쟁이라고 말할 수 있을 만큼, 믿을 수 없는 사태였다. 이 새로운 테러 공격에 대해 전 세계가 '어떻게 이 테러를 박멸할 것인가, 억지하지 않으면 안 될 것인가?'를 고민할 때, 이렇게 중국을 방문하고, 앞으로 일중 관계는 물론 세계 속 국제사회의 일원으로서 서로 어떻게 테러 근절을 위해 협력할 수 있을 것인가 하는 대화를 나눌 수 있었던 것도 대단히 소중한 일이라고 생각한다.

　과거의 역사를 잘 공부함으로써 인간은 반성하고, 장래에 그 반성을 발휘하지 않으면 안 된다고 생각한다. 우리도 과거의 역사를 직시하고 두 번 다시 전쟁을 일으켜서는 안 되며, 그러한 반성으로부터 전후 평화 국가로서 일본은 번영할 수 있었다. 과거 일본은 국제사회로부터 고립되어 그 비참한 전쟁에 돌입해버렸다. 전후 들어 국제협조 자체가 평화와 번영의 길이라고, 국제사회로부터 고립되어서는 안 된다고 하는 것이 일본의 국시國是가 되었다.

　일본은 미국과 전쟁을 했다. 그렇지만 전쟁을 했던 미국과는 지금 세계에서 가장 강력한 우호 동맹 관계를 맺고 있다. 일본과 중국도 과거 불행한 시기가 있었으나, 향후 21세기 장래를 향하여 일본과 중국의 우호 관계를 지금의 일본과 미국의 우호 관계와 같은 강력한 우호 관계로 만들 수 있기를 마음으로부터 생각하고 있다. 일중 우호 발전은 단순히 일본과 중국만의 사이에서가 아니라 아시아, 더 나아가 세계 전체에

도 대단히 중요한 이국 간 관계라고 생각하며, 나도 총리대신
으로서 앞으로 일중 우호를 향하여 전력全力을 다하고 싶다.

**부록 8**

## 내각 총리대신 담화

고이즈미小泉 담화, 2005년 8월 15일, 고이즈미 준이치로小泉純一郎

출처: 주한 일본 대사관 자료

나는 종전 60년을 맞이함에 있어서, 다시 한 번 지금 우리가 누리고 있는 평화와 번영은 전쟁으로 어쩔 수 없이 목숨을 잃은 많은 분들의 고귀한 희생 위에 있음을 생각하며, 다시는 일본국이 전쟁의 길로 나아가서는 안 된다는 결의를 새롭게 하는 바입니다.

지난 대전大戰에서는 약 300만 명의 동포가 조국과 가족을 생각하며 전장에서 산화하거나 전후 머나먼 이국땅에서 돌아가셨습니다.

또한 일본국은 일찍이 식민지 지배와 침략으로 많은 나라, 특히 아시아 국가들의 사람들에게 다대多大한 손해와 고통을 주었습니다. 이러한 역사의 사실을 겸허히 받아들여 다시 한 번 통절한 반성과 진심으로 사죄의 마음을 표함과 더불어, 지난 대전의 내외 모든 희생자에게 삼가 애도의 뜻을 표합니다.

비참한 전쟁의 교훈을 풍화시킴 없이, 다시는 전쟁을 일으키는 일 없이 평화와 번영에 공헌해나갈 것을 결의합니다.

전후 일본국은 국민의 부단한 노력과 많은 나라의 지원에 힘입어 폐허로부터 다시 일어나, 샌프란시스코 평화조약을 받아들이고 국제사회로의 복귀에 첫걸음을 내딛었습니다. 어떠한 문제도 무력이 아닌 평화적으로 해결한다는 입장으로 일관하며, 공적개발원조ODA나 국제연합 평화 유지 활동 등을 통하여 세계의 평화와 번영을 위해 물적·인적 양면에서 적극적으로 공헌해왔습니다.

일본국의 전후 역사는 진정으로 전쟁에 대한 반성을 행동으로 보여준 평화의 60년이었습니다.

일본국은 전후 세대가 인구의 70%를 넘고 있습니다. 일본 국민은 한결같이 스스로의 체험이나 평화를 지향하는 교육을 통하여 국제평화를 진심으로 희구하고 있습니다. 지금 세계 각지에서 청년해외협력대 등의 많은 일본인이 평화와 인도적 지원을 위해 활약하고 있으며, 현지 주민으로부터 신뢰와 높은 평가를 받고 있습니다. 또한 아시아 여러 나라와의 사이에서도 일찍이 볼 수 없었던 정도로, 경제 및 문화 등 폭넓은 분야에서 깊게 교류하고 있습니다. 특히 일의대수一衣帶水 사이인 중국이나 한국을 비롯해 아시아 국가들과는 함께 손을 잡고 이 지역의 평화를 유지하며 발전을 지향하는 것이 필요하다고 생각합니다. 과거를 직시하고 역사를 바르게 인식하고, 아시아 국가들과의 상호 이해와 신뢰를 기반으로 미래 지향의 협력 관계를 구축해나가고자 합니다.

국제사회는 지금 도상국의 개발이나 빈곤 극복, 지구환경의 보전, 대량살상 무기의 확산 방지, 테러 방지 및 근절 등, 예전에는 상상할 수도 없었던 복잡하고도 어려운 과제에 직면해 있습니다. 일본국은 세계 평화에 공헌하기 위해 부전不戰의 맹세를 견지하며, 유일한 피폭국으로서의 체험이나 전후 60년 과정에 입각해 국제사회의 책임 있는 일원으로서 역할을 적극적으로 해나갈 것입니다.

전후 60년의 길목인 올해, 평화를 사랑하는 일본국은 뜻을 같이하는 모든 국가와 함께 인류 전체의 평화와 번영을 실현하기 위해 전력을 다할 것임을 거듭 표명합니다.

**부록 9**

**'전략적 호혜 관계'의 포괄적 추진에 관한 일중 공동성명**

2008년 5월 7일, 후쿠다 야스오福田康夫·후진타오胡錦濤

출처: 주중 일본 대사관 홈페이지

후진타오 중화인민공화국 주석은 일본국 정부의 초대에 응하여 2008년 5월 6일부터 10일까지 국빈으로서 일본국을 공식 방문했다. 후진타오 주석은 일본국에 머무르면서 천황 폐하와 회견했다. 또한 후쿠다 야스오 내각 총리대신과 회담을 행하여 '전략적 호혜 관계'의 포괄적 추진에 관해 수많은 공통 인식에 도달하고, 다음의 공동성명을 발출發出했다.

1.

쌍방은 일중 관계가 양국 그 어느 쪽에도 가장 중요한 이국二國 간 관계의 한 가지이며, 지금은 일중 양국이 아시아·태평양 지역 및 세계의 평화·안정·발전에 큰 영향력을 갖고 있으며, 엄숙한 책임을 지고 있다는 인식에 일치했다. 또한 쌍방은 장기간에 걸친 평화 및 우호를 위한 협력이 일중 양국에 유일한 선택이라는 인식에 일치했다. 쌍방은 '전략적 호혜 관계'를 포괄적으로 추진하고, 또한 일중 양국의 평화공존, 세대 우호, 호혜 협력, 공동 발전 등의 숭고한 목표를 실현해간다는 것을 결의했다.

2.

쌍방은 1972년 9월 29일에 발표된 일중 공동성명, 1978년 12월에 서명된 일중 평화우호조약 및 1998년 11월 26일에 발표된 일중 공동선언이 일중 관계를 안정적으로 발전시키고, 미래를 열어나갈 정치적 기초라는 것을 거듭 표명하고, 세 개 문서의 제반 원칙을 계속하여 준수하는 것을 확인했다. 또한 쌍방은 2006년 10월 8일, 2007년 11월 일중 공동 프레스 발표의 공동 인식을 계속해서 견지하고, 전면 실시하는 것을 확인했다.

3.

쌍방은 역사를 직시하고 미래를 지향하며 일중 '전략적 호혜 관계'의 새로운 국면을 끊임없이 열어나가기로 결의했다. 장래에 끊임없이 상호 이해를 심화시키고, 상호 신뢰를 구축하고, 호혜 협력을 확대하면서 일중 관계를 세계의 조류에 따라 방향 짓고, 아시아·태평양 및 세계의 좋은 미래를 함께 창조해나가기로 선언했다.

4.

쌍방은 상호 간 협력 파트너이며, 서로 위협하지 않는 것을 확인했다. 쌍방은 상호 간 평화적 발전의 지지를 거듭 표명하고, 평화적 발전을 견지하는 일본과 중국이 아시아와 세계에 커다란 기회와 이익을 가져온다는 확신을 공유했다.

① 일본은 중국 개혁개방 이래의 발전이 일본을 포함한 국제사회에 커다란 호기好機를 가져오고 있다는 것을 적극적으로 평가하고, 항구적인 평화와 공동의 번영을 가져오는 세계를 구축하는 데 공헌해나간다는 중국의 결의에 지지를 표명했다.

② 중국은 일본이 전후 60여 년간 '평화 국가'로서의 발걸음을 견지하고, 평화적 수단에 의해 세계의 평화와 안정에 공헌해왔다는 것을 적극적으로 평가했다. 쌍방은 국제연합 개혁 문제에 대해 대화와 의사소통을 강화하고, 공통 인식을 증가시키도록 노력하는 것에 일치했다. 중국은 국제연합에서 일본의 지위와 역할을 중시하고, 일본이 국제사회에서 일층 커다란 건설적 역할을 수행하는 것을 바라고 있다.

③ 쌍방은 협의 및 교섭을 통해서 양국 간 문제를 해결해나간다는 것을 표명했다.

5. 타이완 문제에 관해서 일본은 일중 공동성명에 표명한 입장을 계속해서 견지한다는 취지를 거듭 표명했다.

6. 쌍방은 아래와 같은 다섯 가지 축에 따라 대화와 협력의 틀을 구축하면서 협력해나간다는 것을 결의했다.

① 정치적 상호 신뢰의 증진: 쌍방은 정치 및 안전보장 분야에서 상호 신뢰를 증진하는 것이 일중 '전략적 호혜 관계' 구축에 중요한 의의가 있다는 점을 확인함과 동시에, 아래와 같이 결정했다.

• 양국 수뇌의 정기적 상호 방문 메커니즘을 구축하고, 원칙으로서 매년 어느 쪽 일방의 수뇌가 타방 국가를 방문하는 것으로 하며, 국제회의의 장場을 포함하는 정상회담을 빈번하게 행하고, 정부·의회 및 정당 간 교류와 전략적 대화의 메커니즘을 강화하며, 양국 간 관계, 각각의 국가의 국내외 정책 및 국제정세에 대한 의사소통을 강화하고, 그 정책의 투명성 향상을 위해 노력한다.
• 안전보장 분야에서 고위급 상호 방문을 강화하고, 다양한 대화 및 교류를 촉진하며, 상호 이해와 신뢰 관계를 일층 강화해간다.
• 국제사회가 함께 인정하는 기본적이면서 보편적 가치의 일층

이해와 추구를 위해서 긴밀히 협력하는 것과 함께, 장기간 교류 가운데에서 상호 배양하며 공유해온 문화에 대한 이해를 거듭 심화시킨다.

② 인적·문화적 교류 촉진 및 국민 우호 감정의 증진: 쌍방은 양 국민, 특히 청소년 간 상호 이해 및 우호 감정을 끊임없이 증진하는 것이 일중 양국의 세세대대世世代代에 걸친 우호와 협력의 기초 강화에 기여하는 점을 확인하는 것과 더불어, 다음을 결정했다.

• 양국의 미디어, 우호 도시, 스포츠, 민간 단체 간 교류를 폭넓게 전개하고, 다종다양多種多樣한 문화 교류 및 지적 교류를 실시해간다.
• 청소년 교류를 계속적으로 실시한다.

③ 호혜 협력의 강화: 쌍방은 정치 및 안전보장 분야에서 상호 신뢰를 증진하는 것이 일중 '전략적 호혜 관계' 구축에 중요한 의의가 있음을 확인하는 것과 더불어, 다음과 같이 결정했다.

• 에너지·환경 분야에서의 협력이 우리 자손과 국제사회에 대한 귀무貴務라는 인식에 기초하여, 이 분야에서 특히 중점적으로 협력을 행해간다.

• 무역, 투자, 정보통신기술, 금융, 식품·제품의 안전, 지적재산
  권 보호, 비즈니스 환경, 농림수산업, 교통 운수·관광, 수자원,
  의료 등의 폭넓은 분야에서 호혜 협력을 추진하고, 공통 이익
  을 확대해간다.
• 일중 고위급 경제대화를 전략적·실효적으로 활용해간다.
• 함께 노력하여 동중국해를 평화, 협력, 우호의 바다로 만든다.

④ 아시아·태평양에 대한 공헌: 쌍방은 일중 양국이 아시아·태평
양의 중요한 국가로서 이 지역의 제반 문제에서 긴밀한 의사소통
을 유지하고, 협조와 협력을 강화해가는 데 일치하는 것과 더불어,
다음과 같은 협력을 중점적으로 전개하기로 결정했다.

• 동북아시아 지역의 평화와 안정을 유지하기 위해서 함께 진력
  盡力하고, 6자 회담의 프로세스를 함께 추진한다. 또한 쌍방은
  일북日朝 국교 정상화가 동북아시아 지역의 평화와 안정에 중
  요한 의의가 있다는 인식을 공유했다. 중국은 일본과 북한이
  제반 현안을 해결하고 국교 정상화를 실현하는 것을 환영하고
  지지한다.
• 개방성, 투명성, 포괄성의 세 가지 원칙에 기초하여 동아시아
  의 지역 협력을 추진하고 아시아의 평화, 번영, 안정, 개방의
  실현을 함께 추진한다.

⑤ 글로벌한 과제에 대한 공헌: 쌍방은 일중 양국이 21세기 세계의 평화와 발전에 대해서 더욱 큰 귀임責任을 담당하고 있으며, 중요한 국제문제에서 협력을 강화하고, 항구적인 평화와 공동의 번영을 가져오는 세계의 구축을 함께 추진해간다는 데 일치하는 것과 함께, 다음과 같은 협력에 몰두하기로 결의했다.

• '기후변동에 관한 국제연합 기본 조약'의 틀 아래에서 '공통하고 있지만 차이 있는 귀임 및 각국의 능력' 원칙에 기초하고, '발리행동계획'에 기초하여 2013년 이후 실효적인 기후변동의 '국제 틀' 구축에 적극적으로 참가한다.
• 에너지 안전보장, 환경보호, 빈곤과 감염증 등의 글로벌한 문제는 쌍방이 직면하는 공통의 도전이며, 쌍방은 전략적으로 유효한 협력을 전개하여 상술한 문제의 해결을 추진하기 위해 그에 상응하는 공헌을 함께 행한다.

지은이  니와 우이치로丹羽宇一郎

아이치현愛知縣 나고야시名古屋市 출생(1939)

나고야대학名古屋大學 법학부 졸업(1962)

이토추 상사伊藤忠商事, ITOCHU Corporation 사장(1998)

이토추 상사 회장(2004)

일본우정日本郵政 주식회사 이사

국제연합 세계식량계획UNWFP 협회 회장

일본 내각부 경제재정자문회의 의원(2006)

일본 내각부 지방분권개혁추진위원회 위원장(2007)

일본-터키협회 회장(2008)

주중 일본 대사(2010.6~2012.12)

이토추 상사 명예이사(2012)

와세다대학早稲田大學 특명特命 교수(2012.12)

저서: 『먼저 사장님께서 하시기 바랍니다まずは社長がやめなさい』(공저, 2005),
『회사는 누구를 위해 존재하는가會社は誰のために』(공저, 2006), 『땀을 내고,
지혜를 내고, 더욱 움직이라!汗出せ、知恵出せ、もっと働け!』(2007), 『인간은 일
을 통해 연마된다人は仕事で磨かれる』(2008), 『신일본 개국론新·ニッポン開國論』
(2010), 『베이징 열일: 중국에서 생각한 국가 비전 2050北京烈日: 中國で考えた
國家ビジョン2050』(2013) 외

옮긴이 **이용빈**

한국지도자육성장학생

중국 베이징대 국제정치학과 대학원 수학

서울대 외교학과 대학원 수료, 서울대 국제문제연구소 간사 역임

미국 하버드대 HPAIR 연례 학술회의 참석(서울대 대표: 안보 분과)

이스라엘 크네세트(국회), 미국 해군사관학교, 일본 게이오대 초청 방문

중국 '시진핑 모델習近平模式' 전문가위원회 위원專家委員會委員(2014.11~ )

역서: 『시진핑』(2011), 『중국의 당과 국가』(2012), 『현대 중국정치』(2013), 『마
   오쩌둥과 덩샤오핑의 백년대계』(2014), 『중국인민해방군의 실력』(근간, 2015) 외

주요 연구: "Deepening Naval Cooperation between Islamabad and Bei-
   jing," *China Brief: A Journal of Analysis and Information*, Vol.9(Washing-
   ton DC: The Jamestown Foundation, 2009); "The Rise of the Dragon in the Eyes
   of a Rising Elephant: India's Perceptions of Chinese Regional Policy and
   Economic Development," in Baogang Guo and Chung-chian Teng(eds.),
   *China's Quiet Rise: Peace through Integration*(New York: Lexington Books,
   2011); "Chasing the Rising Red Crescent: Sino-Shi'a Relations in the Post-
   Cold War Era," in Brannon Wheeler and Anchi Hoh(eds.), *East by Mid-
   East: Studies in Cultural, Historical and Strategic Connectivities*(Sheffield,
   UK and Bristol, US: Equinox Publishing, 2013) 외

한울아카데미 1764

질주하는 중국
중국 문제, 어떻게 볼 것인가?

지은이 | 니와 우이치로
옮긴이 | 이용빈
펴낸이 | 김종수
펴낸곳 | 도서출판 한울
편   집 | 배유진

초판 1쇄 인쇄 | 2015년 1월 20일
초판 1쇄 발행 | 2015년 1월 30일

주소 | 413-120 경기도 파주시 광인사길 153 한울시소빌딩 3층
전화 | 031-955-0655
팩스 | 031-955-0656
홈페이지 | www.hanulbooks.co.kr
등록번호 | 제406-2003-000051호

Printed in Korea.
ISBN 978-89-460-5764-7 03340

* 책값은 겉표지에 표시되어 있습니다.